MEMENTO

À L'USAGE

DES PRÉSIDENTS ET JUGES

DES CONSEILS DE GUERRE

PAR

TH. COUPOIS

[illegible] GREFFIER DE 1re CLASSE AU CONSEIL DE GUERRE DE CHALONS-SUR-MARNE,
EX-GREFFIER DU CONSEIL DE GUERRE DE LA COLONNE EXPÉDITIONNAIRE
DE TEBESSA

PRIX : 2 FRANCS

CHALONS-SUR-MARNE
IMPRIMERIE-LIBRAIRIE T. MARTIN,
PLACE DU MARCHÉ-AU-BLÉ, 50.

1883

MEMENTO

À L'USAGE

DES PRÉSIDENTS ET JUGES DES CONSEILS DE GUERRE

MEMENTO

A L'USAGE

DES PRÉSIDENTS ET JUGES

DES CONSEILS DE GUERRE

PAR

TH. COUPOIS

COMMIS-GREFFIER DE 1re CLASSE AU CONSEIL DE GUERRE DE CHALONS-SUR-MARNE,
EX-GREFFIER DU CONSEIL DE GUERRE DE LA COLONNE EXPÉDITIONNAIRE
DE TÉBESSA.

CHALONS-SUR-MARNE
IMPRIMERIE-LIBRAIRIE T. MARTIN,
PLACE DU MARCHÉ-AU-BLÉ, 50.

—

1883

PRÉFACE

L'ouvrage que je me décide aujourd'hui à faire paraître est destiné à servir d'aide-mémoire, surtout en campagne, à MM. les Présidents et Juges des Conseils de guerre, ainsi qu'à MM. les Membres des parquets militaires.

Mon intention n'avait pas été d'abord de le publier; mais, appelé comme greffier du Conseil de guerre à accompagner la colonne de M. le général Forgemol dans son expédition au sud de la Tunisie, j'en ai reconnu l'utilité et c'est sur les conseils et les encouragements d'un grand nombre des officiers qui faisaient partie de cette colonne que je me suis décidé à le faire imprimer, pensant en cela être utile dans la mesure de mes moyens.

Châlons-sur-Marne, le 27 septembre 1882.

TH. COUPOIS.

MEMENTO

A L'USAGE

DES PRÉSIDENTS ET JUGES

DES CONSEILS DE GUERRE

1° Composition du Conseil de Guerre. — Le conseil de guerre permanent est composé d'un colonel ou lieutenant-colonel, président, et de six juges, savoir :

Un chef de bataillon, chef d'escadron ou major,
Deux capitaines,
Un lieutenant,
Un sous-lieutenant,
Et un sous-officier *(art. 3. J. M.)*

Aux armées, dans les communes et les départements en état de siège et dans les places de guerre assiégées ou investies, le conseil est composé d'un colonel ou lieutenant-colonel président et de quatre juges, savoir :

Un chef de bataillon, chef d'escadron ou major,
Un capitaine,
Un lieutenant ou sous-lieutenant,
Et un sous-officier.

La composition des conseils de guerre est maintenue ou modifiée suivant le grade de l'accusé, conformément aux tableaux annexés aux articles 10 et 33 du même code et qui sont ainsi conçus :

GRADE DE L'ACCUSÉ.	GRADE DU PRÉSIDENT.	GRADE DES JUGES EN GARNISON.	GRADE DES JUGES AUX ARMÉES.
Sous-officier, caporal. brigadier ou soldat.	Colonel ou lieutenant-colonel.	1 chef de b[on] ou ch. d'esc., ou major. 2 capitaines. 1 lieutenant. 1 sous-lieutenant. 1 sous-officier.	1 chef de b[on] ou ch. d'esc., ou major. 1 capitaine. 1 lieutenant ou sous-lieutenant. 1 sous-officier.
Sous-lieutenant.	Colonel ou lieutenant-colonel.	1 chef de b[on] ou ch. d'esc., ou major. 2 capitaines. 1 lieutenant. 2 sous-lieutenants.	1 chef de b[on] ou ch. d'esc., ou major. 1 capitaine. 1 lieutenant. 1 sous-lieutenant.
Lieutenant.	Colonel ou lieutenant-colonel.	1 chef de b[on] ou ch. d'esc., ou major. 3 capitaines. 2 lieutenants.	1 chef de b[on] ou ch. d'esc., ou major. 1 capitaine. 2 lieutenants.
Capitaine.	Colonel.	1 lieutenant-colonel. 3 chefs de b[on] ou ch. d'esc., ou majors. 2 capitaines.	1 lieutenant-colonel. 1 chef de b[on] ou ch. d'esc., ou major. 2 capitaines.
Chef de Bat[on], chef d'escadron ou major.	Général de brigade.	2 colonels. 2 lieutenants-colonels. 2 chefs de b[on] ou ch. d'esc., ou majors.	1 colonel. 1 lieutenant-colonel. 2 chefs de b[on] ou ch. d'esc., ou majors.
Lieutenant-colonel.	Général de brigade.	4 colonels. 2 lieutenants-colonels.	2 colonels. 2 lieutenants-colonels.
Colonel.	Général de division.	4 généraux de brigade. 2 colonels.	Même composition qu'en garnison.
Général de brigade.	Maréchal de France.	4 généraux de division. 2 généraux de brigade.	id.
Général de division.	Maréchal de France.	2 maréchaux de France. 4 généraux de division.	id.
Maréchal de France.	Maréchal de France.	3 maréchaux de France ou amiraux. 3 généraux de division.	id.

On remarquera par le tableau ci-dessus que, pour juger un accusé du grade de colonel et au-dessus, le conseil est composé d'un président et six juges, aux armées comme en temps de paix (*art. 33. J. M.*).

En principe, l'inférieur ne doit jamais juger le supérieur. Pourtant, en cas d'insuffisance, dans la circonscription, d'officiers ayant le grade exigé pour la composition du conseil de guerre, le général commandant la circonscription appelle à siéger au conseil de guerre des officiers d'un grade égal à celui de l'accusé ou d'un grade immédiatement inférieur (*art. 10. J. M.*).

En campagne, s'il ne se trouve pas, soit dans la division, soit dans l'armée, soit dans le corps d'armée, soit dans le détachement où est formé le conseil de guerre, un nombre suffisant d'officiers du grade prescrit pour sa composition, il y est suppléé en descendant dans la hiérarchie, même jusqu'au grade inférieur à celui de l'accusé, si cela est nécessaire ; mais sans que plus de deux juges puissent être pris dans cette catégorie (*art. 35, code J. M.*).

Pour juger un membre du corps de l'intendance militaire, un médecin, un pharmacien, un officier d'administration, un vétérinaire ou tout autre individu assimilé aux militaires, le conseil de guerre est composé suivant le grade auquel le rang de l'accusé correspond (*art. 13. J. M.*).

S'il y a plusieurs accusés de différents grades ou rangs, la composition du conseil de guerre est déterminée par le grade ou le rang le plus élevé (*art. 14. J. M.*).

Pour juger un prisonnier de guerre, le conseil est composé comme pour le jugement des militaires français, d'après les assimilations de grade (*art. 17. J. M.*).

Pour juger un individu qui n'est ni militaire, ni assimilé aux militaires, le conseil est composé comme pour le jugement d'un simple soldat (*art. 18. J. M.*).

2° **Nominations des présidents et juges.** — Les présidents et les juges des conseils de guerre sont nommés par le général commandant la circonscription, si le conseil est appelé à juger un militaire ou assimilé depuis le simple soldat jusqu'au grade de lieutenant-colonel inclusivement.

La nomination est faite par le ministre de la guerre, s'il s'agit du jugement d'un colonel, d'un officier général ou d'un maréchal de France (*art. 8. J. M.*).

Le général commandant la circonscription dresse, sur la présentation des chefs de corps, un tableau des officiers et sous-officiers combattants, en activité de service, employés dans la circonscription et reconnus aptes par leur instruction et leur expérience à remplir les fonctions de juges.

Les officiers et sous-officiers portés sur ce tableau sont appelés successivement, et dans l'ordre de leur inscription, à siéger au conseil de guerre, à moins d'empêchement admis par une décision du général commandant la circonscription (*art. 19. J. M.*)

Aux armées, dans les communes et les départements en état de siège et dans les places de guerre assiégées ou investies les membres du conseil sont nommés savoir :

Dans la division : par le général commandant la division ;

Au quartier-général de l'armée : par le général en chef ;

Au quartier-général du corps d'armée : par le général commandant le corps d'armée ;

Dans le détachement de troupe : par le commandant de ce détachement ;

(*Voir les modèles 55 et 55 bis pour l'avis de nomination ou de remplacement des présidents et juges.*)

3° **Remplacement.** — Les présidents et juges peuvent être remplacés tous les six mois et même dans un délai moindre s'ils cessent d'être employés dans la circonscription.

L'article 6 du code militaire dit : « *peuvent être remplacés.* » Il s'ensuit qu'à l'expiration des 6 mois le général peut renouveler le mandat des présidents et juges sans que ceux-ci puissent demander leur remplacement. C'est le général seul qui est juge de l'opportunité de cette mesure.

En cas d'empêchement accidentel du président ou d'un juge, le général commandant la circonscription le remplace provisoirement par un officier du même grade ou par un sous-officier, selon le cas, dans l'ordre du tableau dressé ainsi qu'il a été dit plus haut.

4° Conditions à remplir pour faire partie d'un conseil de guerre. — Nul ne peut faire partie d'un conseil de guerre, à un titre quelconque, s'il n'est Français ou naturalisé et âgé de 25 ans accomplis (*art. 22. J. M.*).

Les parents et alliés jusqu'au degré d'oncle et de neveu inclusivement ne peuvent être membres du même conseil de guerre (*art. 23. J. M.*).

Nul ne peut siéger comme président ou juge :

1° S'il est parent ou allié de l'accusé jusqu'au degré de cousin issu de germain inclusivement ;

2° S'il a porté la plainte, donné l'ordre d'informer ou déposé comme témoin ;

3° Si, dans les cinq ans qui ont précédé la mise en jugement, il a été engagé comme plaignant, partie civile ou prévenu dans un procès criminel contre l'accusé ;

4° S'il a précédemment connu de l'affaire comme administrateur ou comme membre d'un tribunal militaire (*art. 24. code J. M.*).

Par celui qui a porté la plainte, donné l'ordre d'informer ou connu de l'affaire comme administrateur, il faut comprendre :

Le commandant de la compagnie, de l'escadron ou de la batterie qui a fait le rapport ;

Le chef de corps qui a signé la plainte ou qui a transmis celle établie par le commandant de la compagnie, de l'escadron ou de la batterie ;

L'officier délégué par le chef de corps pour faire l'instruction ;

Le sous-officier qui l'a assisté en qualité de greffier ;

Le général qui a decerné l'ordre d'informer, son chef

d'état-major et même l'officier d'état-major chargé du service de la justice.

5° Juges supplémentaires. — Lorsqu'une affaire paraîtra de nature à entraîner de longs débats, le ministre de la guerre ou le général commandant la circonscription, suivant le cas, pourra, avant l'ouverture des débats, désigner, dans chaque catégorie ou grade devant composer le conseil de guerre, un ou deux juges supplémentaires.

Ces juges sont pris, d'après l'ordre d'ancienneté, à la suite des juges appelés à siéger au conseil de guerre.

Ils assistent aux débats dans les mêmes conditions que les autres juges ; mais ils ne prennent part aux délibérations que dans les cas où ils auraient remplacé un juge empêché.

Ce remplacement s'effectue ainsi :

Lorsque par une cause régulièrement constatée un juge est empêché de siéger, il est remplacé par le juge supplémentaire ou le plus ancien des deux juges supplémentaires de son grade ou de sa catégorie (*art. 10. J. M.*).

6° Formation de la séance. — Le commissaire du gouvernement, ayant réuni le nombre d'affaires nécessaires pour former une séance, adresse les dossiers avec ses conclusions, soit au général commandant la circonscription, soit au ministre de la guerre selon le cas, mais toujours à l'autorité qui a donné l'ordre d'informer, afin que cette autorité se prononce sur la mise en jugement et décide de la date de la convocation du conseil (*art. 108. C. J. M.*).

En renvoyant les dossiers au commissaire du gouvernement le général lui adresse, ainsi qu'au président un ordre de convocation (*art. III. J. M. -- Voir modèles 1 et 1 bis*).

7° Entrée en fonctions du président. — Dès qu'il a reçu cet ordre, le président entre en fonctions.

Il peut étudier les dossiers et préparer les questions.

L'étude des dossiers ne peut se faire qu'au greffe du conseil de guerre d'où les pièces de la procédure ne doivent jamais sortir. (*Lettre M*[elle] *du 4 octobre 1873.*)

Le président a aussi le droit de décerner des commissions rogatoires et de citer des témoins.

Lui seul a le droit d'entendre des témoins entre le moment de la réception de l'ordre de mise en jugement et celui du jugement, le rapporteur et le commissaire du gouvernement étant complètement dessaisis ; mais il peut déléguer ses pouvoirs au rapporteur et le charger d'entendre les témoins qu'il désigne.

8° **Notification aux accusés.** — Trois jours au moins en temps de paix et 24 heures aux armées, avant la réunion du conseil, le commissaire du gouvernement notifie aux accusés l'ordre de mise en jugement ; il leur donne connaissance du texte de la loi applicable au crime ou délit pour lequel ils sont mis en jugement et du nom des témoins qu'il se propose de faire citer.

9° **Nomination d'un défenseur.** — Il leur demande s'ils ont fait choix d'un défenseur et, en cas de négative, les prévient, à peine de nullité, que le président leur en nommera un d'office (*art. 109. J.M.*) ; aux armées c'est le commissaire rapporteur lui-même qui désigne le défenseur d'office (*art. 156. du C. M.*)

L'accusé a le droit de demander à être défendu par un de ses parents ou un de ses amis ; c'est au président, dans ce cas, qu'il appartient de refuser ou d'accorder cette autorisation.

L'article 110 du code de justice militaire dit que les défenseurs doivent être pris, soit parmi les militaires, soit parmi les avocats ou les avoués, à moins que l'accusé n'obtienne du président la permission de prendre pour défenseur un de ses parents ou amis.

Cette disposition laisse évidemment toute latitude au président pour désigner d'office, en qualité de défenseur, conformément au dernier paragraphe de l'article 109 du même code, les avocats aussi bien que les autres personnes ci-dessus désignées. Mais il est bien entendu que, pour les uns comme pour les autres, leur consentement préalable est indispensable et que les avocats doivent être pris parmi ceux qui ont fait connaître à l'avance, au président, le désir de prêter leur appui aux militaires traduits devant le conseil de guerre (*Lettre M*[elle] *du 8 février 1866*).

Un arrêté de la Cour de Cassation, en date du 13 juillet 1825, dit que : « C'est sans doute un devoir moral pour un avocat de défendre les accusés devant les tribunaux militaires; mais, comme cette profession est essentiellement libre, rien ne peut l'y forcer. »

L'ordonnance du 20 novembre 1822 ne contient aucune disposition à cet égard, et l'article 41 de cette ordonnance, qui prévoit le cas où un avocat nommé d'office refuse son ministère, n'est relatif qu'aux cours d'assises seules ; l'avocat peut refuser de plaider devant un tribunal correctionnel ordinaire.

S'il a des motifs d'empêchement, il ne peut être tenu d'en justifier que devant le conseil de son ordre et dans le cas où il en serait requis par ce conseil.

Le meilleur moyen d'obvier à l'inconvénient de voir les avocats refuser de plaider d'office, est de s'entendre avec le bâtonnier de chaque barreau où siègent les conseils de guerre, lequel ferait dresser un tableau de tous les avocats qui désireraient plaider devant les tribunaux militaires. Ce tableau serait déposé au greffe du conseil de guerre, et dans les désignations d'office, on n'aurait plus à craindre les refus, puisque ceux qui figureraient sur ce tableau y auraient fait volontairement inscrire leur nom.

Si le défenseur choisi ou nommé d'office ne se présente pas aux débats, le président désigne, séance tenante, un défenseur pris parmi les militaires présents à l'audience, conformément à l'article 110 du code militaire.

10° Convocation des juges. — Le soin de prévenir les juges de la réunion du conseil incombe au commissaire du gouvernement, qui doit convoquer individuellement chaque membre par l'intermédiaire d'un agent de la force publique. (*Modèle N° 2.*)

Antérieurement au code de 1857 c'était le président qui devait convoquer les juges, et une circulaire Melle du 21 décembre 1846 leur prescrivait de prévenir le président, en cas d'absence, et, en cas de maladie, de lui envoyer un certificat de médecin.

La circulaire ministérielle du 26 juillet 1880 s'exprime ainsi :

« D'après les ordres du Ministre, l'obligation de » siéger prime tout autre service. Les circonstances » exceptionnelles entraînant impossibilité de siéger » devront toujours être portées d'urgence à la connais- » sance du Président, pour le mettre à même de deman- » der le remplacement en temps utile. Aucun juge ne » peut se croire dispensé de siéger tant qu'il n'a pas » reçu notification de son remplacement. »

L'article 212 du Code militaire punit d'un emprisonnement de 2 à 6 mois tout militaire qui, hors le cas d'excuse légitime, ne se rend pas au Conseil où il est appelé à siéger.

En cas de refus, le coupable, s'il est officier, peut être puni de la destitution.

11° Réunion du Conseil et place des juges. — Le Conseil se réunit au jour et à l'heure fixés par l'ordre de convocation (*art. 113. J. M.*).

Les membres sont placés ainsi qu'il suit :

Le Président au centre ;

A sa droite : le chef de bataillon, le plus jeune capitaine, le sous-lieutenant ;

A sa gauche : le plus ancien capitaine, le lieutenant et le sous-officier

11 bis. Tenue des juges et de l'accusé. — Tous sont en grande tenue de service et gantés ;

Les avocats sont en robe ;

Le commissaire du gouvernement, les avocats et le greffier sont seuls autorisés à avoir les mains nues ;

Les accusés sont revêtus de leurs insignes et porteurs de leurs décorations.

12° Ouverture de la séance. — Les membres du Conseil ayant pris leurs places respectives, le Président dit :

La Séance est ouverte!

13° Publicité des séances. — Les séances sont publiques à peine de nullité ; néanmoins si cette publicité paraît dangereuse pour l'ordre ou pour les mœurs, le Conseil peut ordonner le huis-clos (*art. 113. J. M.*).

14° Pouvoir discrétionnaire du Président. — Le Président est investi d'un pouvoir discrétionnaire pour la direction des débats et la découverte de la vérité (*art. 125 J. M.*).

L'exercice du pouvoir discrétionnaire commence du jour où l'ordre de convocation du Conseil de guerre est notifié au président ; car, à partir de cette époque, le Conseil est saisi et le président peut seul agir, puisque le rapporteur est dessaisi.

Les mesures que peut prendre le président, en vertu de son pouvoir discrétionnaire, sont aussi diverses que les éventualités auxquelles elles ont pour but de répondre.

Avant les débats, le président peut, selon les circonstances, procéder à une expertise, à une descente de lieux, à l'audition de témoins, comme il peut déléguer le juge compétent pour formaliser ces divers actes d'instruction.

A l'audience, le président peut faire entendre des personnes qui ne pourraient l'être à titre de témoins, soit à cause de la parenté, soit pour tout autre motif ; il peut faire remettre des plans aux juges, donner lecture de pièces, d'interrogatoires, ou des dépositions des témoins, faire apporter de nouvelles pièces, ordonner des expertises, faire joindre au dossier des lettres ou pièces produites par l'accusé ou les témoins, ou encore ordonner un transport du Conseil sur les lieux ; mais toujours en constatant que ces actes se font en vertu de son pouvoir discrétionnaire, à titre de simples renseignements; et, s'il s'agit de personnes, celles-ci ne doivent pas prêter serment.

Les décisions du président, prises en vertu de son pouvoir discrétionnaire, ne sont pas des jugements, mais seulement des actes d'instruction ; il en résulte qu'il peut les modifier selon les circonstances, qu'il peut les prendre même pendant les débats à huis-clos sans qu'il soit besoin d'ouvrir les portes au public.

Toutefois, il faut observer que, si l'exercice du pouvoir discrétionnaire du président donne lieu, soit à des conclusions de l'accusé, soit à des réquisitions du ministère public, il faut vider l'incident par jugement motivé du conseil. (*Foucher.*)

15° Police de l'audience. — Le président a la police de l'audience. (*Art. 114. J. M.*)

Il peut faire expulser ceux des assistants qui donnent des signes d'approbation ou d'improbation ; il peut même ordonner leur arrestation et leur détention pendant une durée de quinze jours au plus s'ils résistent à ses ordres.

Dans ce cas les coupables sont, sur l'ordre du président, conduits : les militaires et assimilés à la prison militaire, et les civils à la prison civile.

Le procès-verbal d'audience fait mention de l'ordre du président et, sur le vu de cet ordre, le gardien chef de la prison doit recevoir les perturbateurs. (*Modèle N° 3.*).

16° Trouble ou tumulte par un assistant. — Si les assistants causent du trouble ou du tumulte dans le but de mettre obstacle au cours de la justice, le conseil les condamne, séance tenante, qu'ils soient militaires ou civils, et quel que soit leur grade, s'ils sont militaires, pour rébellion, à un emprisonnement qui ne peut excéder deux années. (*Modèle N° 4.*)

2

17° Outrages et voies de fait envers les membres du conseil, commis par un assistant. — Si les assistants se rendent coupables de voies de fait ou d'outrages envers le conseil ou l'un de ses membres, ils sont jugés séance tenante et condamnés :

S'ils sont militaires et quel que soit leur grade, aux peines portées par le code militaire contre ces délits lorsqu'ils sont commis envers des supérieurs dans le service ; s'ils ne sont pas militaires ni assimilés aux militaires, ils sont condamnés aux peines portées par le Code pénal pour les outrages ou voies de fait envers les magistrats dans l'exercice de leurs fonctions. (*Modèles Nos 5 et 6.*)

18° Assistant se rendant coupable d'un autre délit. — Si les assistants se rendent coupables d'un autre crime ou délit, d'un vol par exemple, les coupables militaires sont jugés sur le champ ;

Si les coupables ne sont pas justiciables des conseils de guerre, le président fait dresser, par le greffier, procès-verbal des faits et des dépositions des témoins et il envoie les accusés, ensemble les pièces de la procédure, devant l'autorité compétente. (*Modèles Nos 7 et 8.*)

19° Introduction de l'accusé. — **Huissier, faites introduire l'accusé X... ou les accusés X et Z...**

Le président fait ensuite amener l'accusé, qui comparaît libre et sans fers, assisté de son défenseur.

L'article 117 du Code de justice militaire dit : « Libre et sans fers, sous garde suffisante. »

Cet article n'étant pas prescrit à peine de nullité, il s'ensuit que l'accusé ne peut se faire un moyen de cassation de ce que ses fers de forçat évadé ne lui ont pas été enlevés.

20° Accusé refusant de comparaître. — Si l'accusé refuse de comparaître, il ne peut être, pour ce fait, mis en jugement pour refus d'obéissance.

Sommation lui est faite par un agent de la force publique, qui dresse procès-verbal. (*Modèle No 9.*)

Si, malgré cette sommation, l'accusé persiste dans sa résolution de ne pas se présenter devant le conseil, le président peut ordonner qu'il sera amené de force devant le conseil, ou bien, après lecture faite à l'audience, du procès-verbal constatant sa résistance, il ordonne qu'il sera passé outre aux débats, qui ont lieu comme si l'accusé était présent.

Dans ce cas, après l'audience, ou chaque audience si l'affaire en comporte plusieurs, le greffier du conseil donne à l'accusé qui n'a pas comparu lecture du procès-verbal des débats.

Il lui signifie copie des réquisitions du commissaire du gouvernement, ainsi que des jugements rendus, qui sont tous réputés contradictiores et non par défaut ou par contumace.

21° Nouveau juge. — **Monsieur le greffier, donnez lecture de l'ordre de nomination des nouveaux juges.**

Lors de la première formation d'un conseil, ou, si le conseil est en fonctions, si l'un des juges n'a pas encore siégé, le président fait donner, par le greffier, lecture de l'ordre qui l'a nommé. Il en est de même pour le président.

22° Lettres de grâce ou de commutation de peine. — Lorsqu'un condamné a été l'objet d'une grâce ou d'une commutation de peine, il est amené devant le conseil qui l'a condamné, et lecture lui est donnée de la décision gracieuse, en présence de la garde rassemblée sous les armes, conformément à l'article 3 du décret du 14 juin 1813.

A cet effet, le condamné étant amené devant le conseil, le commissaire du gouvernement requiert qu'il plaise au président faire donner lecture de la lettre ministérielle et, après cette lecture, lui donner acte de l'accomplissement de cette formalité.

Le président donne l'ordre au greffier de faire cette lecture, et lorsqu'elle est terminée, il est donné acte au commissaire du gouvernement. (*Modèle N° 39.*)

23° **Constatation de l'identité de l'accusé.** — Le président procède ainsi qu'il suit à la constatation de l'identité de l'accusé.

Accusé, levez-vous !

Quels sont vos noms et prénoms ?..R..

Votre âge ?..R..

Votre lieu de naissance ?..R..

Votre profession ?..R..

Votre dernier domicile ?..R..

Aux militaires. { **Votre grade ?..R..** **A quel corps appartenez-vous ?..R..**

24° **Accusé refusant de répondre.** — Si l'accusé refuse de répondre, ou si, sans exprimer son refus, il garde le silence, cela ne peut en rien retarder les débats.

Le jugement mentionne le refus et il est passé outre aux débats sur le fond.

25° **Accusé causant du trouble.** — Si l'accusé, par des clameurs ou tout autrement, cherche à mettre obstacle au libre cours de la justice, le président peut, ou se contenter de le faire reconduire en prison, ou bien saisir le conseil du fait pour qu'il soit prononcé une peine contre l'accusé. (*Art. 119. J. M.*) S'il y a jugement, il peut être rendu séparément comme jugement incident, dans la forme de ceux rendus contre un assistant causant du trouble (*modèle N° 10*), ou bien le président peut déclarer qu'il sera statué sur le fait délictueux en même temps que sur le fond.

La question est alors posée, par le président, à la suite des questions relatives au chef d'accusation primitif.

Dans tous les cas, il est dressé, par le greffier, procès-verbal de l'incident. Ce procès-verbal doit constater la nature du trouble apporté par l'accusé, la décision du président, s'il s'est contenté de faire reconduire l'accusé en prison, ou le jugement rendu si le fait a été soumis au conseil.

26° Accusé outrageant le conseil ou l'un de ses membres. — Si le fait reproché à l'accusé dégénère en outrages par paroles, gestes ou menaces ou en voies de fait envers le conseil ou l'un de ses membres, il est condamné :

S'il est militaire ou assimilé aux militaires, aux peines portées par le Code de justice militaire contre ces crimes ou délits, lorsqu'ils ont été commis envers des supérieurs dans le service. (*Modèles N° 11 et 11 bis.*)

S'il n'est ni militaire ni assimilé aux militaires, aux peines portées par le Code pénal ordinaire contre ces crimes ou délits, lorsqu'ils ont été commis envers des magistrats dans l'exercice de leurs fonctions, à l'audience d'un tribunal. (*Modèles N° 12 et 12 bis. — Art. 119. J. M.*)

27° Interprète. — Accusé ne parlant pas Français. — Si l'accusé ne parle pas français, le président lui désigne un interprète.

Cet interprète prête le serment prescrit par l'article 332 du code d'instruction criminelle de : « *Traduire fidèlement les discours à transmettre entre ceux qui parlent des langages différents.* »

Il n'est pas nécessaire que l'interprète soit Français : mais il doit, à peine de nullité, être âgé d'au moins 21 ans.

Une femme, si elle a 21 ans, peut être interprète. Le greffier tenant la plume à l'audience le peut aussi : Mais un témoin, même après avoir été entendu, ne peut servir d'interprète.

Il en est de même des juges.

28° Accusé sourd-muet. — Si l'accusé est sourd-muet, sachant écrire, le greffier écrit les demandes et observations ; l'accusé donne par écrit ses réponses et explications, et lecture est faite du tout par le greffier.

Si l'accusé sourd-muet ne sait pas écrire, le président

nomme, pour interprète, la personne qui a le plus l'habitude de converser avec lui, et cette personne prête le serment prescrit plus haut.

Lorsque l'accusé a eu besoin d'un interprète, toutes les dépositions faites dans une autre langue que la sienne et les pièces lues à l'audience doivent lui être traduites *in extenso*.

29° Lecture de l'ordre de mise en jugement. — **Monsieur le greffier, donnez lecture de l'ordre de mise en jugement.**

Le président fait ensuite donner lecture, par le greffier, de l'ordre de mise en jugement et de l'ordre de convocation. (*Art. 117. J. M.*)

30° Appel des témoins. — **Monsieur le greffier, faites l'appel des témoins.**

La lecture de l'ordre de mise en jugement terminée, le président fait lire la liste des témoins appelés soit à la requête du ministère public, soit à la requête de l'accusé.

L'huissier doit veiller à ce que les témoins répondent à l'appel de leur nom, et si quelques-uns manquent, il doit les signaler au président, aussitôt l'appel terminé.

31. Témoin défaillant. — L'article 126 du Code de justice militaire dispose que, dans le cas où l'un des témoins ne se présente pas, le conseil de guerre peut passer outre aux débats et que lecture est donnée de sa déposition.

Il s'ensuit que, quels que soient les motifs de l'absence d'un témoin aux débats, le conseil doit constater cette absence et ordonner ensuite, s'il ne juge pas l'audition orale nécessaire, qu'il sera passé outre aux débats et que la lecture de la déposition du témoin défaillant sera donnée au conseil en temps opportun.

Ce n'est pas au président, mais au conseil, qu'il appartient d'apprécier la légitimité des excuses des témoins absents et l'opportunité de leur présence aux débats.

Par conséquent, si un témoin cité ne se présente pas aux débats, le conseil se retire dans la chambre des délibérations et rend un jugement motivé sur la question de savoir si la présence de ce témoin est ou non indispensable aux débats, si les excuses présentées sont ou non légitimes et si enfin il doit être condamné à l'amende. (*Modèle N° 13.*)

L'accusé ne saurait mettre obstacle à ce qu'il soit passé outre aux débats en l'absence d'un témoin ; car c'est là un droit d'appréciation du conseil. A cet égard la jurisprudence a décidé que le tribunal n'est pas tenu de consulter l'accusé ou son conseil, ni de s'arrêter devant leur opposition, s'ils demandent la parole sur l'incident. (*Foucher, Com*re *N° 740.*)

Si le témoin défaillant n'a fait présenter aucune excuse ou si le conseil n'a pas reconnu cette excuse légitime, il peut être condamné, séance tenante, à une amende qui ne peut excéder 100 fr, par application des articles 355 et 80 du Code d'instruction criminelle, sauf, en ce qui concerne les militaires, la faculté de substituer l'emprisonnement à l'amende, en vertu de l'article 195 du Code de justice militaire.

Le conseil n'est pas changé, quel que soit le grade du témoin défaillant, et si ce témoin fait opposition au jugement, c'est le même conseil qui statue sur l'opposition.

L'absence d'un témoin et sa condamnation à l'amende n'ont pas pour conséquence forcée le renvoi de l'affaire ; car il appartient au tribunal de décider que la présence du témoin défaillant n'est pas indispensable aux débats, mais qu'en raison de sa non-comparution il sera condamné à l'amende. (*Modèle N° 14.*)

32° Retraite des témoins. — **Huissier, faites retirer les témoins.**

Le président fait ensuite sortir les témoins de la salle d'audience et les fait placer dans la chambre qui leur est destinée.

Il prend les mesures nécessaires pour qu'ils ne sortent de cette salle que pour venir déposer.

Il peut aussi prendre des précautions pour les empêcher de causer entre eux de l'affaire.

Cependant il n'y a pas nullité des débats si un témoin s'introduit dans la salle d'audience, soit pendant la lecture du rapport, soit pendant l'interrogatoire de l'accusé ou des autres témoins.

Si les débats doivent durer plusieurs jours, le président peut, *du consentement du ministère public et de la défense*, renvoyer les témoins après l'appel et leur désigner le jour auquel ils doivent comparaître à nouveau devant le Conseil.

Il peut également ne faire citer pour chaque séance que le nombre des témoins nécessaire pour la remplir.

33° **Huis-clos.** — C'est ordinairement à ce moment que l'on prononce le huis-clos, lorsque la publicité des débats paraît dangereuse pour l'ordre ou pour les mœurs. (*Art. 113. J. M.*)

C'est le Conseil qui, par un jugement motivé, doit ordonner ou refuser le huis-clos. (*Modèle N° 15.*)

En principe c'est le commissaire du gouvernement qui requiert cette mesure ; mais elle peut être proposée par l'avocat, ou demandée d'office par le président.

L'accusé ne peut s'y opposer.

Dans tous les cas, les juges se retirent dans la chambre des délibérations, délibèrent sur le fait et rentrent ensuite dans la salle d'audience où le président lit, en public, le jugement rendu.

Si le jugement prononce le huis-clos, le président fait évacuer la salle d'audience.

Si, pendant le huis-clos, un incident a donné lieu à un jugement du Conseil, la séance doit être rendue publique pour le prononcé du jugement.

Après la lecture du jugement, le président fait de nouveau évacuer la salle pour reprendre le huis-clos.

Les décisions prises par le président, en vertu de son pouvoir discrétionnaire, n'étant pas des jugements peuvent être rendus pendant le huis-clos.

Le huis-clos n'a pas pour effet d'empêcher l'introduction dans la salle d'audience de toute personne étrangère aux débats. Le président, en vertu de son pouvoir discrétionnaire peut très-bien décider que le huis-clos ne s'appliquera qu'à une certaine catégorie de personnes, aux femmes et aux enfants par exemple.

En principe, l'entrée de l'audience n'est pas interdite aux avocats en robe pendant le huis-clos.

34° Interdiction du compte rendu par les journaux. — Le conseil peut interdire le compte-rendu de l'affaire ; mais cette interdiction ne peut s'appliquer au jugement. (*Art. 113. J. M.*)

Bien que les débats aient eu lieu publiquement, le Conseil, par un jugement qui n'a pas besoin d'être motivé, autrement que sur le danger que pourrait avoir la publicité de ce compte-rendu, peut interdire qu'il soit rendu compte de l'affaire.

Cette mesure peut être prise d'office sans qu'elle ait été requise par le ministère public. (*Modèle N° 16.*)

Monsieur le greffier, donnez lecture du rapport de M. le rapporteur.

35° Lecture du rapport. — Le président fait lire, par le greffier, le rapport du rapporteur et les pièces dont il lui paraît nécessaire de donner connaissance au Conseil. (*Art. 121. J. M.*)

La lecture du rapport étant faite au Conseil, le président n'est pas tenu de faire traduire cette pièce à l'accusé.

36° Lecture des pièces. — Le choix des pièces à faire lire au Conseil est très-important.

Le président, qui a étudié le dossier avant la séance, ne doit faire lire que celles qui ont une réelle importance.

Parmi celles-ci, il faut comprendre :

Les expertises, les descentes de lieux, les certificats médicaux légaux, etc., qui constatent des faits et des appréciations que le débat oral peut quelquefois ne pas reproduire.

Lorsque l'accusé a déjà été jugé par contumace, il

doit être donné lecture, à peine de nullité, des déclarations écrites des témoins cités et qui ne comparaissent pas aux débats.

De même il y a nullité, si l'interrogatoire d'un coaccusé jugé contradictoirement n'a pas été lu à l'audience.

37° Avertissements à l'accusé et au défenseur. Interrogatoire.

Accusé, levez-vous !

Il résulte des pièces qui viennent d'être lues que vous êtes accusé de.............. ...

Je vous préviens que la loi vous donne le droit de dire tout ce qui est utile à votre défense. — J'avertis également M. le défenseur qu'il ne doit rien dire contre sa conscience, ni contre le respect dû aux lois et qu'il doit s'exprimer avec décence et modération.

La lecture des pièces terminée, le président indique à l'accusé le crime ou le délit pour lequel il est mis en jugement et il l'avertit que la loi lui donne le droit de dire tout ce qui est utile à sa défense. (*Art. 121. J. M.*)

La loi dit *tout ce qui est utile* et non tout *ce que l'accusé juge utile* à la défense ; il s'en suit que l'indépendance de parole donnée à l'accusé ne doit pas dégénérer en abus, et si l'accusé sort, en usant du droit que lui accorde la loi, des bornes d'une légitime défense ou du sujet de l'accusation, il appartient au président de l'y faire rentrer.

De même, si le défenseur s'écarte de la décence ou de la modération, c'est au président qu'il appartient de l'y rappeler.

Si l'accusé refuse de répondre ou cause du trouble, il y a lieu d'opérer comme il est dit à la reconnaissance d'identité.

S'il y a plusieurs accusés, le président détermine celui qui doit être interrogé le premier.

Il peut faire éloigner momentanément de l'audience un ou plusieurs accusés, pour les interroger séparément,

Dans ce cas, il doit faire connaître aux accusés absents tout ce qui s'est passé pendant leur absence ; mais il n'est pas nécessaire de le leur dire immédiatement après leur rentrée.

Il peut les interroger de nouveau, et il est le seul juge du moment des débats où il doit faire cette communication, en ayant soin, toutefois, de la faire avant les plaidoiries. (*Art. 327. Code Instruction Criminelle.*)

38° Ordonnances de jonctions et de disjonctions. — Lorsqu'à raison du même délit, plusieurs ordres de mise en jugement ont été décernés contre différents accusés, le président peut ordonner la jonction des procédures. (*Art. 307. Instruction Criminelle. — Modèle N° 17.*).

De même, lorsque l'acte d'accusation contient plusieurs délits non connexes, le président peut en ordonner la disjonction. (*Art. 308. Instruction Criminelle. — Modèle N° 18.*)

Le commissaire du gouvernement peut requérir la jonction de plusieurs procédures ou la disjonction de l'une d'elles, et le président peut l'ordonner d'office.

L'accusé peut aussi demander, soit la jonction, soit la disjonction d'une procédure.

39° Pièces de conviction. — Après l'interrogatoire des accusés et avant l'audition des témoins, le président fait représenter les pièces de conviction aux accusés. (*Art. 329. Instruction Criminelle.*)

Cette interpellation à l'accusé, s'il reconnaît les pièces de conviction, n'est pas prescrite à peine de nullité. Il n'y aurait nullité qu'autant que l'accusé aurait requis qu'elles lui fussent représentées et que le président aurait refusé de le faire.

Monsieur le commissaire du gouvernement, avez-vous quelques questions à adresser à l'accusé ?

Monsieur le défenseur, avez-vous quelques explications à donner ou observations à faire ?

Messieurs les juges n'ont pas de questions à adresser à l'accusé ?

Le président demande ensuite au commissaire du gouvernement et aux juges s'ils n'ont pas de questions à adresser à l'accusé.

Les juges et le commissaire du gouvernement ont le droit de questionner directement l'accusé, en demandant la parole au président. (*Art. 319. Code d'Instruction criminelle.*)

L'accusé peut, *par l'organe de son défenseur* répondre aux questions qui lui sont posées, mais il doit répondre lui-même, s'il est interpellé de le faire personnellement.

40° Incidents contentieux. Exception. Moyens d'incompétence. — C'est après son interrogatoire qu'expire, pour l'accusé, le droit de proposer au conseil les moyens d'incompétence, les exceptions dilatoires (*remise de l'affaire, délais*), péremptoires (*prescription*) et les questions préjudicielles (*contestation d'identité, défaut de qualité, etc.*), qu'il pourrait avoir à présenter au conseil. (*Art. 123. J. M.*)

Si un de ces moyens était soulevé après l'audition des témoins, le conseil devrait le rejeter comme proposé tardivement. (*Même article.*)

Il est à remarquer que l'incompétence dont il est parlé ci-dessus est celle qui résulte de la qualité du justiciable ou du crime commis, mais elle ne saurait procéder de la fausse composition du conseil qui ne peut faire l'objet que d'un recours en révision de la part du condamné, en vertu de l'article 122 du code de justice militaire.

Le défenseur ayant une exception à proposer ou un incident à soulever, dit habituellement : « *J'ai l'honneur de déposer sur le bureau du conseil les conclusions suivantes :* »

Il lit ces conclusions et leur donne les développements qu'elles comportent, après les avoir fait remettre au président.

La parole est ensuite donnée au commissaire du gouvernement ; l'avocat a le droit de répliquer ; mais comme dans ce cas, c'est l'accusé qui est demandeur, le ministère public a la parole le dernier.

Le conseil se retire dans la salle des délibérations et rend, à peine de nullité, un jugement *motivé* acceptant ou rejetant l'exception. (*Modèles nos 19 à 20.*)

Si l'exception est rejetée, le conseil passe au jugement sur le fond, sauf à l'accusé à se pourvoir contre le jugement incident en même temps que contre la décision rendue sur le fond.

Les autres incidents peuvent se produire à chaque moment et jusqu'à à la fin des débats ; mais, avant les plaidoiries, ils peuvent être soulevés tant par le ministère public que par la défense.

Le conseil n'est appelé à statuer par jugement sur les exceptions et les incidents qu'autant qu'ils ont fait l'objet de conclusions écrites et signées par la partie qui les propose.

Il y a nullité, dans ce cas, si le Conseil ne statue pas et si le ministère public et la défense n'ont pas été entendus.

Les jugements sur les exceptions, les moyens d'incompétence et les incidents sont rendus à la majorité des voix, c'est-à-dire par 4 voix contre 3. (*Art 124. J. M.*)

Ces jugements, lorsqu'ils ont été rendus publiquement, sont suffisamment constatés par leur insertion au procès-verbal de la séance et signés par le président et le greffier. Rien n'oblige à en dresser un acte séparé.

41° Audition des témoins. — **Huissier, faites introduire le témoin X...** Au témoin : **Levez la main droite !**

Vous jurez de parler sans haine et sans crainte, de dire toute la vérité, rien que la vérité ? Dites : « Je le jure ! » — baissez la main. —

Quels sont vos nom et prénoms ?... R...
Votre âge ?... R...

Votre profession ?... R... (1)
Votre domicile ?... R... (1)

Aux militaires { **Votre grade ?... R...**
{ **Votre corps ?... R...**

Regardez l'accusé ! Le connaissiez-vous avant les faits qui lui sont reprochés ?.. R.
Etes-vous son parent ou son allié ?.. R...
Vous n'êtes pas à son service ni lui au vôtre ?.. R...

Faites votre déposition !

Les témoins sont introduits l'un après l'autre dans l'ordre indiqué par le ministère public.

Cet ordre peut toutefois être changé par le président.

42° **Du serment.** — Avant de déposer, les témoins prêtent serment, à peine de nullité, de parler sans haine et sans crainte, de dire toute la vérité et rien que la vérité.

Les témoins à décharge doivent, comme les témoins à charge, être entendus sous la foi du serment, à peine de nullité.

La formule du serment prescrit par l'article 317 du Code d'instruction criminelle est sacramentelle : l'omission d'une partie de cette formule opère une nullité radicale de la procédure et des débats ; aucune de ces expressions ne peut être remplacée par des équivalents. *(Cas. 31 mars 1870.)*

Ainsi il y a nullité lorsqu'on a omis :

Les mots : *sans haine et sans crainte* ;

Les mots : *sans haine* ;

Les mots : *sans crainte* ;

Les mots : *toute la vérité*, *rien que la vérité* ;

Le mot : *toute* ;

Mais il suffit que le président ait prononcé la formule du serment, et il n'est pas nécessaire que le témoin réponde : « *Je le jure* » si la formule : « *Vous jurez* »

(1) Pour les militaires, c'est la profession et le domicile qu'ils avaient avant d'entrer au service.

se trouve dans l'interpellation et si sa réponse reproduit implicitement la formule sacramentelle.

La main droite *nue* doit être levée pour répondre : « *Je le jure.* »

Mais la loi n'exige pas à peine de nullité que les témoins lèvent la main droite pour prêter le serment prescrit.

Ainsi il n'y aurait pas nullité, si le témoin avait prêté serment en levant la main gauche, ou en levant la main droite gantée, ou même sans lever la main du tout.

Les témoins qui professent une religion autre que la religion catholique, peuvent demander à être admis au serment suivant le rite prescrit par leur culte.

Ainsi les mahométans prêtent le serment la main posée sur le Coran ;

Les israélites prêtent le serment « *more judaïco* » sur la Bible, en présence du rabin.

A l'égard des témoins qui ne parlent pas français ou qui sont sourds-muets, il suffit que le procès-verbal constate qu'ils ont prêté le serment par l'organe de l'interprète qui leur en a traduit la formule prononcée par le président.

43° Témoins refusant de prêter serment. — Si un témoin refuse de prêter serment, il est condamné, séance tenante, à l'amende édictée par les articles 355 et 80 du Code d'instruction criminelle. (*Mod. N° 21.*)

44° Témoins ne devant pas prêter serment. — Les enfants au-dessous de l'âge de 15 ans accomplis ne prêtent pas serment ; mais ils peuvent être entendus par forme de déclaration. (*Art. 79. Instruction criminelle*).

Du reste, il n'y aurait pas nullité, s'ils avaient prêté serment.

La loi laisse aux présidents la faculté d'entendre avec ou sans serment les enfants de moins de 15 ans accomplis, suivant que ces enfants leur paraissent plus ou moins en état d'apprécier l'importance du serment.

Les individus condamnés à une peine afflictive ou

infamante ne peuvent être entendus qu'à titre de renseignement et sans prestation de serment.

Cependant l'audition de ces témoins avec prestation de serment n'emporte pas nullité de la procédure, s'il n'y a pas eu d'opposition de la part du ministère public ou de la défense.

Ne doivent pas prêter serment lorsqu'ils sont appelés en justice :

1° Les individus frappés de l'interdiction des droits mentionnés en l'article 42 du Code pénal ;

2° Les témoins dont les nom, prénoms, profession et résidence n'ont pas été notifiés à l'accusé 24 heures au moins avant leur audition.

3° Les témoins appelés aux débats en vertu du pouvoir discrétionnaire du président.

45° Témoins ne pouvant déposer. — Les parents ou alliés au degré prohibé et les dénonciateurs dont la dénonciation est récompensée pécuniairement par la loi ne sont pas admis à déposer aux termes de l'article 322 du code d'instruction criminelle.

Les parents et les alliés au degré prohibé sont :

Le grand-père, la grand'mère ;

Le père, la mère, le fils, la fille, le beau-fils, la belle-fille, le frère, la sœur, le beau-frère, la belle-sœur, le mari, la femme, même après le divorce prononcé.

Cette prohibition s'étend au second mari de la femme divorcée de l'un des accusés.

Elle n'a rien d'inconciliable avec la faculté accordée au président d'appeler aux débats et de faire entendre toutes personnes à titre de renseignement.

Les termes de la loi sont trop précis pour qu'il y ait doute sur la question de savoir quelles sont les personnes dont l'audition ne peut être reçue.

Ainsi l'oncle, le neveu, le cousin-germain doivent prêter serment à peine de nullité.

De même, la prohibition ne s'appliquant qu'aux ascendants légitimes, l'aieul d'un enfant naturel peut être entendu comme témoin.

Les alliés d'un époux ne sont rien à l'égard du conjoint, et la prohibition d'entendre en témoignage les frères et sœurs de l'accusé et ses alliés au même degré ne peut être étendue aux maris et femmes de ces même alliés.

En ce qui concerne les dénonciateurs, il ne faut pas les confondre avec les personnes lésées par un crime ou un délit.

Ainsi on ne peut considérer comme dénonciateur :

La veuve de la victime ;

Les officiers de police judiciaire ;

Les gendarmes qui ont dressé les procès-verbaux ;

Le juge d'instruction dans l'affaire qu'il a instruite ;

Le greffier qui a tenu la plume dans le cours de l'instruction ;

L'huissier audiencier à l'audience où le débat est porté.

Lorsque l'incapacité d'un témoin pour déposer n'a été connue qu'après son audition, il suffit que le président avertisse les juges de n'y avoir que tel égard que de raison.

Le président peut, en l'absence de toute contestation, annuler le serment prêté et ordonner que ce témoin sera entendu à titre de renseignement.

Les dénonciateurs autres que ceux récompensés pécuniairement par la loi peuvent être entendus en témoignage ; mais les juges doivent être avertis de leur qualité de dénonciateurs.

46° **Interprète.** — Si un des témoins ne parle pas français ou s'il est sourd-muet, il lui est nommé un interprète, comme il est dit pour les accusés. (*Voir N°s 27 et 28.*)

47° **Constatation de l'identité.** — Le président demande aux témoins leurs nom, prénoms, âge, profession, domicile ou résidence, s'ils connaissaient l'accusé avant le fait mentionné dans l'acte d'accusation, s'ils sont parents ou alliés de l'accusé et s'ils ne sont pas attachés au service l'un de l'autre. (*Art. 317. Instruction Criminelle.*)

L'ordre établi par l'art. 317 pour les interpellations à faire aux témoins après leur prestation de serment, n'est pas prescrit à peine de nullité. Le président peut, avant de leur faire ces interpellations, leur adresser diverses autres questions.

Il n'y aurait même pas nullité si le président avait omis de faire aux témoins l'une de ces interpellations.

Les témoins peuvent ne prêter serment qu'après la constatation de leur identité. Il serait même préférable de leur demander d'abord s'ils sont parents ou alliés de l'accusé avant de leur faire prêter serment.

48° Forme de la déposition. — Aux termes de l'article 317 du Code d'Instruction Criminelle, les témoins doivent déposer oralement, publiquement et séparément.

Un témoin ne peut être autorisé à lire une déposition écrite à l'avance, et il y aurait nullité si cette lecture avait été faite malgré l'opposition de l'accusé.

Mais il peut, sans qu'il y ait nullité, consulter une note pour se remémorer une date ou un chiffre. (*Cass. 7 Mai 1875.*)

Il n'y aurait pas non plus nullité si les témoins n'avaient pas été entendus séparément. (*Cass. 24 Juin 1875.*)

Le témoin ne doit pas être interrompu dans le cours de sa déposition ; mais, celle-ci une fois terminée, le président peut lui demander des éclaircissements.

Le commissaire du gouvernement et les juges ont le droit de questionner le témoin en demandant la parole au président ; mais le défenseur ne peut le faire que par l'organe du président.

49° Témoins refusant de déposer. — Le témoin qui, après avoir prêté serment, refuse de déposer, est, comme le témoin qui refuse de prêter serment, condamné aux peines portées par les articles 355 et 80 du Code d'Instruction Criminelle. (*Modèle N° 22.*)

50° Témoins dispensés de témoigner. — Toute

personne assignée en témoignage est tenue de déposer des faits qui sont à sa connaissance, quand même ces faits lui auraient été confiés sous le sceau du secret.

Il existe pourtant quelques exceptions à cette règle.

Ainsi les médecins, chirurgiens et autres officiers de santé, les pharmaciens, les sages-femmes, les prêtres, les avocats, les avoués, les notaires, etc... sont dispensés de témoigner en justice, mais seulement sur des faits qu'ils ne connaissent qu'en raison de leur profession.

Toutefois, ces personnes sont tenues de comparaître et de prêter serment ; ce n'est qu'après qu'elles peuvent s'excuser sur les obligations de leur état.

51° **Faux témoins.** — Le président fera tenir note, par le greffier, des additions, changements ou variations qui pourraient exister entre la déposition orale d'un témoin et ses précédentes déclarations.

Le commissaire du gouvernement et l'accusé peuvent requérir le président de faire tenir note de ces changements, variations ou additions. (*Art. 318. Code d'Instruction Criminelle.*)

Si, d'après les débats, la déposition d'un témoin paraît fausse, le président peut, sur la réquisition, soit du commissaire du gouvernement, soit de l'accusé et même d'office, faire sur le champ mettre le témoin en état d'arrestation. Si le témoin est justiciable des conseils de guerre, le président, ou l'un des juges nommés par lui, procède à l'instruction ; quand elle est terminée, elle est envoyée au général commandant la circonscription.

Si le témoin n'est pas justiciable des conseils de guerre, le président, après avoir dressé procès-verbal et avoir fait arrêter l'inculpé, s'il y a lieu, le renvoie, avec le procès-verbal, devant le procureur de la République du lieu où siège le conseil de guerre. (*Art. 127. Code J. M.*)

Il y a lieu d'opérer ainsi qu'il suit lorsqu'un témoin est suspecté de faux témoignage :

Le président lui donne lecture des articles 361 à 364

du Code pénal relatifs au faux témoignage et lui demande s'il persiste dans sa déposition.

Si le témoin répond affirmativement, le président l'avertit que, s'il ne s'est pas retracté avant la fin des débats, il sera dressé contre lui procès-verbal en faux témoignage.

Le témoin demeure alors dans la salle d'audience, où il est gardé à vue et, à la fin des débats, le président lui demande de nouveau s'il persiste dans sa déposition.

Si le témoin déclare y persister, le président fait consigner, par le greffier, sa déposition et les additions ou changements que ce témoin peut avoir faits soit à sa déposition écrite, soit à sa déposition orale antérieure, dans un procès-verbal séparé. (*Modèle N° 23.*)

Il est ensuite dressé procès-verbal de l'arrestation du témoin. (*Modèle N° 24*), et un mandat de dépôt (*Modèle N° 25.*)

Si le faux témoin est justiciable des conseils de guerre et s'il est possible de compléter l'instruction à l'audience, le président nomme un juge pour remplir les fonctions de rapporteur. Les pièces sont ensuite envoyées au général commandant la circonscription par le commissaire du gouvernement, qui y joint ses conclusions s'il juge l'affaire terminée.

Sur le vu de cette instruction, le général peut ordonner immédiatement la mise en jugement du faux témoin ou décerner un ordre d'informer afin de saisir le rapporteur de l'affaire.

Si le témoin n'est pas justiciable des conseils de guerre, l'inculpé est renvoyé, avec les pièces de la procédure, devant le procureur de la République du lieu où siège le conseil de guerre.

52° **Pièces de conviction.** — La déposition terminée, le président fait représenter les pièces de conviction au témoin.

Il n'y a pas nullité si cette formalité a été omise.

53° **Interpellation au témoin.** — **C'est bien de**

l'accusé ici présent que vous avez entendu parler ?... R...

Pendant cette question le témoin doit regarder l'accusé.

Il n'est pas prescrit, à peine de nullité, qu'après sa déposition le témoin soit interpellé pour déclarer si c'est de l'accusé présent qu'il a entendu parler.

L'article 319 du Code d'Instruction criminelle n'est pas prescrit à peine de nullité.

54° Interpellation à l'accusé. — **Accusé, levez-vous !**

Avez-vous des observations à faire sur la déposition du témoin ?... R...

C'est encore le même article 319 qui prescrit au président de demander à l'accusé s'il veut répondre à ce qui vient d'être dit contre lui.

Cette formalité n'est pas prescrite à peine de nullité, mais il y a nullité si le président a refusé d'entendre les observations de l'accusé.

Ces observations ne doivent pas dégénérer en outrages. Ainsi l'accusé qui dit : « N'écoutez pas ce témoin, c'est un faux témoin, » commet le délit d'outrage public adressé à un témoin à raison de sa dépotion.

Mais si l'accusé dit : « Ce que vient de dire le témoin est une invention et une fausseté, » il ne dépasse pas les bornes d'une légitime défense et il n'y a pas de délit.

55° Interpellation des témoins entre eux. — Les témoins soit à charge, soit à décharge, ne peuvent jamais s'interpeller entre eux. (*Art. 325, Instruction Criminelle.*)

Les infractions à la règle d'ordre qu'établit cet article ne peuvent donner ouverture à cassation.

56° Témoins à décharge. — Les témoins à décharge sont entendus comme les témoins à charge. Ils doivent prêter le même serment.

57° Témoins entendus en vertu du pouvoir discrétionnaire du président. — Le président peut, en vertu de son pouvoir discrétionnaire, faire appeler toute personne, même par mandat d'amener, à venir témoigner à l'audience.

Les personnes ainsi appelées ne prêtent pas serment et leurs déclarations ne sont considérées que comme renseignements. (*Art. 125. J. M.*)

58° Audition séparée des témoins. — L'accusé peut demander, après que les témoins auront déposé, que ceux qu'il désigne, se retirent de l'auditoire, et qu'un ou plusieurs d'entre eux soient introduits et entendus de nouveau, soit séparément, soit en présence les uns des autres. Le ministère public a la même faculté et le président peut aussi l'ordonner d'office. (*Art. 326. Instruction Criminelle.*)

Si l'accusé demande que les témoins entendus séparément aux débats soient entendus de nouveau en présence les uns des autres, il doit être statué sur cette demande, et l'omission dans le procès-verbal de constater cette décision entraîne nullité.

Les témoins déjà entendus, qui sont ainsi entendus une seconde fois en présence les uns des autres, ne doivent pas réitérer le serment qu'ils ont prêté lors de leur première audition.

59° Place des témoins après leur audition. — Chaque témoin, après sa déposition, restera dans l'auditoire, si le président n'en a ordonné autrement. (*Art. 320. Instruction Criminelle.*)

La disposition de l'article 320 n'est pas prescrite à peine de nullité; elle rentre dans le pouvoir de police conféré au président.

L'accusé qui a consenti à ce qu'un témoin se retirât avant la clôture des débats, mais après avoir fait sa déclaration, ne peut se faire un moyen de cassation de la permission accordée à ce témoin et de son absence.

Pour éviter toute contestation, le président, avant de donner la permission de se retirer à un témoin, doit consulter le ministère public et l'avocat pour savoir si personne n'y met opposition.

60° Réquisitoire du ministère public. — La parole est à M. le commissaire du gouvernement !

L'audition des témoins étant terminée, le président donne la parole au commissaire du gouvernement pour son réquisitoire.

Le commissaire du gouvernement développe l'accusation ; il fait ressortir les preuves recueillies pour ou contre l'accusé.

Le ministère public, dit Bourguignon, n'est pas l'adversaire personnel de l'accusé, il est le représentant de la société, et son devoir l'oblige de faire apercevoir ce qui milite en faveur de l'accusé.

Il fait ses réquisitions pour l'application de la peine. Ces réquisitions peuvent être écrites ; mais en principe elles sont faites verbalement.

61° Censure du ministère public. — Il n'appartient pas au Conseil de censurer la conduite du commissaire du gouvernement, qui se trouve dans une situation tellement indépendante qu'il échappe à toute espèce d'improbation de la part du Conseil.

62° Le président peut retirer la parole au ministère public. — Mais le président peut lui retirer la parole. Voici à cet égard le texte d'une lettre ministérielle du 16 juin 1859, adressée au 2me Conseil de guerre du 6e corps d'armée.

« Général, M. le commissaire impérial près le 2e » Conseil de guerre de votre division me communique, » avec son rapport sur l'administration de la justice » pendant le mois de Mai dernier, des observations de » son substitut qui occupait, à l'audience du 23 Mai, le » siège du ministère public, dans l'affaire du nommé » Morisson et qui n'aurait pu répliquer une seconde » fois pour repousser une assertion du défenseur » parce que le président du Conseil de guerre aurait

» déclaré que Conseil était suffisamment éclairé et
» aurait passé outre.

» On ne doit pas perdre de vue qu'aux termes des
» articles 114 et 125 du Code de justice militaire, M. le
» président a la police de l'audience et dirige les débats
» en vertu de son pouvoir discrétionnaire.

» Il peut donc *maintenir, retirer ou refuser la parole*
» *aussi bien à l'organe du ministère public qu'à l'accusé*
» *ou à son défenseur.*

» Il est certain que l'exercice de ce pouvoir discré-
» tionnaire exige autant de circonspection que de
» réserve, et il est bien entendu d'ailleurs que si des
» conclusions formelles étaient posées par l'une des
» parties ou si l'un des juges ne partageait pas l'avis
» du président, ce dernier serait tenu de consulter le
» tribunal et de le mettre en demeure de faire connaître,
» par un jugement sur incident, s'il entend continuer
» les débats.

» Il n'y a donc rien d'insolite dans la mesure prise
» par le président qui, sans doute, avait pensé que la
» conviction des juges était déjà formée et qu'ils dési-
» raient voir clore la discussion et passer immédiate-
» ment à la délibération.

» Si M. le substitut avait tenu absolument à pré-
» senter de nouveaux moyens à l'appui de l'accusation,
» c'était à lui de poser des conclusions formelles sur
» lesquelles le Conseil aurait alors statué. »

Si le commissaire du gouvernement s'écarte du respect dû aux lois, le Conseil doit en avertir le général commandant la circonscription, à qui le ministère public doit toujours compte du mandat qui lui est confié.

63° Défense de l'accusé. — **La parole est à M. le défenseur !**

La parole est ensuite donnée au défenseur.

64° Droit de la défense. — Le droit de la défense est absolu ; mais le président a le droit, en vertu de son pouvoir discrétionnaire de faire resserrer la plaidoirie de l'avocat dans de justes bornes et dans ce qui est nécessaire pour la légitime défense de l'accusé.

Le président peut, sans sortir de ses attributions, interdire au défenseur la lecture de décisions rendues en d'autres cours d'assises dans des circonstances analogues, mais étrangères à l'accusation sur laquelle il s'agit de se prononcer. Une semblable interruption ne peut être réputée avoir apporté des entraves au droit de la défense.

Le président accomplit un devoir en interrompant le défenseur qui se livre à des allégations diffamatoires contre un témoin à charge, sans utilité pour la défense.

Les juges du Conseil de guerre étant tout à la fois juges du fait et du droit, on ne saurait interdire au défenseur de s'occuper de la question pénale dans sa plaidoirie et ses observations. (*Foucher.*)

65° Avocat se rendant coupable d'outrages envers un membre du Conseil. — Si l'avocat, dans sa plaidoirie, outrage les membres du Conseil, il est procédé, à son égard, sur les réquisitions du commissaire du gouvernement, comme pour un assistant se rendant coupable de ce délit. (*Voir Modèle N° 6.*)

66° Avocat se rendant coupable d'attaques contre les lois et les autorités. — Si l'avocat, dans sa plaidoirie, se permet des attaques contre les lois ou contre les autorités, le Conseil de guerre, agissant comme Conseil de discipline, peut, sur les réquisitions du ministère public, le condamner à l'une des peines de discipline prononcées par l'article 18 de l'ordonnance du 20 novembre 1822.

Bien entendu l'exercice de ce droit de discipline ne met point obstacle aux poursuites ultérieures pour crimes ou délits.

Les peines de discipline sont : L'avertissement, — la réprimande, — l'interdiction temporaire et la radiation du tableau.

L'interdiction temporaire ne peut excéder une année.

Dans le cas d'un jugement rendu contre un avocat,

un extrait est toujours envoyé au procureur général, par les soins du commissaire du gouvernement. (*Voir Modèle N° 26.*)

67° **Réplique.** — Après la plaidoirie du défenseur, le commissaire du gouvernement a le droit de répliquer, mais l'accusé ou son defenseur doivent avoir la parole les derniers.

Le fait de la part du commissaire du gouvernement de dire qu'il maintient ses conclusions équivaut à une réplique et l'avocat doit être entendu à nouveau. (*Art. 130. J. M.*)

68° **Absence de l'avocat.** — Si le défenseur choisi ou nommé d'office ne se présente pas, l'accusé ne peut s'en faire un moyen de cassation. Dans ce cas, le président désigne, séance tenante, un défenseur pris parmi les militaires présents à l'audience, conformément à l'article 110 du code militaire.

69° Clôture des débats. — **Accusé, levez-vous ! Avez-vous quelque chose à ajouter pour votre défense ?....R.....**

Je déclare les débats terminés ; qu'on emmène l'accusé.

Le Conseil va délibérer.

Le président demande à l'accusé, s'il n'a rien à ajouter à sa défense et déclare ensuite que les débats sont terminés. (*Art. 130. J. M.*)

Puis il fait retirer l'accusé, et les juges se rendent dans la chambre des délibérations.

S'il n'y a pas de chambre de délibérations, le président fait retirer l'auditoire et la formule : « *Le Conseil va délibérer*, » est changée ainsi :

J'invite Monsieur le commissaire du gouvernement, le défenseur, le greffier et les assistants à se retirer, le Conseil va délibérer.

A partir de ce moment, les juges ne peuvent plus

communiquer avec personne ni se séparer avant que le jugement soit rendu. Ils délibèrent hors la présence du commissaire du gouvernement et du greffier. (*Art. 131. J. M.*)

L'interdiction faite aux juges de communiquer et de se séparer avant que le jugement soit rendu est absolue.

Il y a nullité si un des juges communique avec quelqu'un avant le prononcé du jugement ; mais il peut sortir de la salle des délibérations et aller, sans parler à personne, prendre sur son bureau, les notes qu'il avait oubliées.

70° **Délibérations.** — Contrairement à ce qui a lieu pour les jurés dans le droit commun, les juges militaires ont les pièces de la procédure sous les yeux pour délibérer. (*Art. 131. J. M.*)

Par conséquent, ils peuvent s'éclairer sur les points qui leur paraissent obscurs et assurer leur opinion par la lecture des différentes pièces de la procédure écrite.

Le président recueille les voix, en commençant par le grade inférieur: il émet son opinion le dernier. (*Art. 131. J. M.*)

C'est au président qu'il appartient d'interroger les juges sur la culpabilité de l'accusé.

Les questions relatives à la culpabilité doivent avoir pour but d'épuiser tous les chefs d'accusation résultant de l'ordre de mise en jugement.

Ces questions sont posées par le président dans l'ordre suivant, pour chacun des accusés :

1° L'accusé est-il coupable de . . (*tel fait ? en spécifiant les éléments constitutifs de l'infraction*).

2° Ce fait a-t-il été commis avec telle ou telle circonstance aggravante ? (*Chaque circonstance aggravante faisant l'objet d'une question distincte et séparée.*)

3° Ce fait a-t-il été commis dans telle ou telle circonstance qui le rend excusable d'après la loi ?

Et si l'accusé est âgé de moins de seize ans, le président pose cette question :

L'accusé a-t-il agi avec discernement ? (*Art. 132. J. M.*)

Les questions indiquées ci-dessus ne peuvent être résolues *contre* l'accusé, qu'à la majorité de cinq voix contre deux. (*Art. 133. J. M.*)

C'est-à-dire que si trois juges ont voté non sur la question principale ou sur l'une des questions aggravantes, cette question est résolue *négativement* à la minorité de faveur de trois voix contre quatre.

Si trois juges ont voté non sur une question d'excuse ou de discernement, cette question est résolue *affirmativement* à la majorité de quatre voix contre trois, puisqu'elle est en faveur de l'accusé.

Lorsque la question principale est résolue négativement, il n'y a pas lieu de s'occuper des circonstances aggravantes.

Le président doit s'abstenir de manifester son opinion aussi bien dans la salle de délibérations que pendant les débats.

Il ne doit pas permettre que la question de pénalité soit agitée avant que la culpabilité ne soit déclarée.

Les juges militaires doivent s'inspirer des instructions suivantes, qui doivent être affichées dans la salle des délibérations et qui sont tirées de l'article 342 du Code d'Instruction Criminelle, que le chef des jurés lit avant la délibération :

« La loi ne demande pas compte aux jurés des moyens » par lesquels ils sont convaincus ; elles ne leur prescrit point de règles desquelles ils doivent faire particulièrement dépendre la plénitude et la suffisance » d'une preuve ; elle leur prescrit de s'interroger eux-» mêmes dans le silence et le recueillement, et de » chercher, dans la sincérité de leur conscience, quelle » impression ont faite sur leur raison les preuves rapportées contre l'accusé et les moyens de sa défense. » La loi ne leur dit point : *Vous tiendrez pour vrai tel* » *fait attesté par tel ou tel nombre de témoins ;* elle » ne leur dit pas non plus : *Vous ne regarderez pas* » *comme suffisamment établie toute preuve qui ne sera* » *pas formée de tel procès-verbal, de telles pièces, de*

» *tant de témoins ou de tant d'indices*; elle ne leur fait » que cette seule question qui renferme toute la mesure » de leurs devoirs : *Avez-vous une intime conviction ?*

» Ce qu'il est bien essentiel de ne pas perdre de vue, » c'est que toute la délibération du jury porte sur » l'acte d'accusation ; c'est aux faits qui le constituent » et qui en dépendent qu'ils doivent uniquement » s'attacher; et ils manquent à leur premier devoir » lorsque, pensant aux dispositions des lois » pénales, ils considèrent les suites que pourra avoir, » par rapport à l'accusé, la déclaration qu'ils ont à » faire. Leur mission n'a pas pour objet la poursuite » ni la punition des délits ; ils ne sont appelés que » pour décider si l'accusé est, ou non, coupable du » crime qu'on lui impute. »

71° Circonstances atténuantes. — Les questions étant résolues affirmativement, si la loi autorise l'admission de circonstances atténuantes, si le Conseil de guerre reconnaît qu'il en existe en faveur de l'accusé, il le déclare à la majorité absolue des voix (*Art. 134. J.M.*), c'est-à-dire par quatre voix contre trois.

Si le Conseil n'admet pas l'existence de ces circonstances, il garde le silence et ce silence est l'équivalent d'une déclaration négative.

72° Application de la peine. — Le président lit alors le texte de la loi applicable aux faits déclarés constants, et le Conseil est appelé à appliquer la peine.

Les voix sont recueillies de la même manière que ci-dessus, en commençant par le grade inférieur.

La peine est prononcée, à la majorité de cinq voix contre deux ou de trois voix contre deux, selon que le Conseil de guerre est composé de sept juges ou seulement de cinq.

73° Partage des voix. — Si aucune peine ne réunit cette majorité, c'est l'avis le plus favorable à l'accusé qui doit être adopté ; n'y eut-il qu'une voix pour cet avis. (*Art. 134. J. M.*)

Ainsi : Un juge ayant voté pour 1 an de prison ;
Deux pour 4 ans de prison,
Et quatre pour 5 ans de prison,

C'est à 1 an de prison que doit être condamné l'accusé.

Si ce cas se présente, il n'y a pas lieu de recommencer le vote pour obtenir une majorité, car le vœu de la loi n'est plus rempli. L'inférieur, dans l'ignorance de l'opinion de son supérieur, peut donner librement son vote ; cette opinion, une fois connue, il n'a plus l'indépendance nécessaire pour le donner.

Contrairement à cet avis, une circulaire du ministre de la marine, en date du 11 Mai 1874, s'exprime ainsi :

« Quelques présidents des Conseils de guerre ayant » vu, après une première votation, les opinions des » juges se diviser sur la nature ou l'étendue de la » peine à appliquer aux faits déclarés constants, de » telle sorte qu'aucune pénalité ne réunit la majorité de » cinq voix exigée par l'article 164 du Code de Justice » maritime (*art. 134. Code de J.M.*), ont cru devoir, par » une interprétation littérale du 4e paragraphe de cet » article, adopter le plus favorable des avis exprimés, » alors même qu'il était celui d'un seul des membres » du Conseil. Pour faire ressortir ce qu'une semblable » doctrine a de contraire à l'esprit de la loi, il suffit de » faire remarquer que, par son premier paragraphe, » l'article 164 prescrit aux juges de délibérer ; il s'en- » suit que, pour se conformer aux intentions du légis- » lateur, le président du Conseil de guerre doit » s'efforcer de rallier la majorité légale à l'une des » appréciations formulées dans un premier tour de » scrutin, en soumettant successivement chacune » d'elles à la délibération des juges. Cette façon » d'opérer, qui a pour effet de s'opposer à l'adoption » d'un vote isolé, présente, en outre, l'avantage de » faire le plus souvent prévaloir une opinion intermé- » diaire, également éloignée de l'extrême indulgence » comme de l'extrême sévérité. »

74° Questions subsidiaires. — Il arrive parfois queles débats ont révélé des circonstances qui ont modifié le fait incriminé, soit en lui faisant perdre de sa gravité sans le faire changer de nature, soit même en faisant reconnaître l'existence de circonstances aggravantes non relevées dans l'ordre de mise en jugement.

Dans ce cas, avant de clore les débats, le président doit, à peine de nullité, avertir le ministère public et la défense que, le cas échéant, il posera au Conseil telle question subsidiaire lui paraissant résulter des débats.

Le ministère public et l'avocat sont ainsi à même de présenter leurs observations.

Il existe peu de cas, dans le code de justice militaire, où le fait principal peut, sans changer de nature, descendre à un fait subsidiaire.

Voici les principaux :

L'ACCUSÉ ÉTANT MIS EN JUGEMENT POUR :	LES DÉBATS PEUVENT MODIFIER LE FAIT ET EN FAIRE :
Une révolte............ (art. 217. C. M.)	Un refus d'obéissance. (art. 218.) Une rébellion. (art. 225.)
Une voie de fait......... (art. 221, 222, 223.)	Un outrage par geste. (art. 224.) Une rébellion. (art. 225.)
Une désertion à l'étranger....................... (art. 235, 236.)	Une désertion à l'intérieur. (art. 231, 232.)
Une désertion avec emport d'effets............. (art. 231, 232, 235, 236.)	Une dissipation d'effets. (art. 245.)
Une désertion à l'ennemi...................... (art. 238.)	Une désertion en présence de l'ennemi. (art. 239).
Une vente d'effets....... (art. 244.)	Une dissipation d'effets. (art. 245).

Dans le Code pénal, il en existe davantage.

Voici ceux qui se présentent le plus souvent :

L'ACCUSÉ ÉTANT MIS EN JUGEMENT POUR :	LES DÉBATS PEUVENT MODIFIER LE FAIT ET EN FAIRE :
Un faux en écriture authentique........................ (art. 145 C. P.)	Un faux en écriture privée. (art. 150.)
Une rébellion............... (art. 209, 210.)	Un outrage par geste. (art. 224.) Un refus d'un service dû légalement. (art. 234.)
Un meurtre ou un assassinat. (art. 295, 296.)	Un homicide involontaire (art. 319.) Un coup et blessure volontaires ayant occasionné la mort sans intention de la donner. (art. 309.) Coups et blesures volont^res^. (art. 11.) Coups et blessures involon^res^. (art. 320.)
Un infanticide.............. (art. 300.)	Un homicide involontaire. (art. 319.) Une suppression d'enfant. (art. 345.)
Des coups volontaires...... (art. 309, 311.)	Des coups involontaires. (art. 320.)
Attentat à la pudeur avec violence..................... (art. 332.)	Outrage public à la pudeur. (art. 330.)
Attentat à la pudeur sans violence sur un enfant....... (art. 331.)	Outrage public à la pudeur. (art. 330.)
Viol......................... (art. 332.)	Attentat à la pudeur avec violence (art. 332.) Attentat à la pudeur sans violence. (art. 331.) Outrage public à la pudeur. (art. 330.)

Parmi les circonstances aggravantes qui sont le plus souvent révélées par les débats et qui peuvent faire l'objet de questions subsidiaires, il faut comprendre :

Pour les refus d'obéissance....................	La présence de l'ennemi. L'état de guerre ou de siège.
Pour la violation de consigne, l'abandon de poste ou de faction et la désertion.....................	La présence de l'ennemi. L'état de guerre ou de siège.
Pour les voies de fait..	La préméditation. Le guet-apens. Le fait d'être sous les armes. Le service.
Pour les outrages......	Le service.
Pour les rébellions.....	La pluralité de personnes. Les armes.
Pour les meurtres......	La préméditation. Le guet-apens. La concomitance d'un crime ou d'un délit.
Pour les vols..........	La nuit. La maison habitée. La plurarité de personnes. L'effraction, l'escalade, l'usage de fausses clefs, etc.

Dans une question de crime on peut toujours poser, comme résultant des debats, une question subsidiaire de tentative de ce crime.

Le commissaire du gouvernement a le droit de requérir la position d'une question subsidiaire, mais ce droit n'est pas accordé au défenseur qui est obligé de déposer des conclusions écrites tendant à ce qu'une question subsidiaire soit posée aux juges comme résultant des débats.

En cas de conflit avec le ministère public ou avec le président, c'est un incident qui doit être vidé par un jugement motivé.

Une question subsidiaire ne peut jamais être substituée à celle résultant de l'ordre de mise en jugement. Elle doit être ajoutée et posée séparément.

75° Excuses. — Il existe une grande différence entre les questions subsidiaires et les excuses.

Les questions subsidiaires, ainsi que nous l'avons dit plus haut, modifient l'accusation principale sans la faire changer de nature.

Les excuses, au contraire, ne touchent en rien à l'accusation, ce sont des circonstances prévues par la loi et dont l'effet est ou d'absoudre l'agent du crime ou d'atténuer sa culpabilité.

Il existe trois sortes d'excuses :

1° Les *excuses absolutoires ;*

2° Les *excuses atténuantes ;*

3° Les *faits justificatifs.*

76° Excuses absolutoires. — Les excuses absolutoires sont celles qui emportent exemption de la peine :

Ce sont : Le vol entre certains parents (*art.* 380. *C. P.*)

Le mal réparé dans un certain délai (*art.* 408. *C. P.*) ;

Les révélations faites par l'accusé de façon à faire connaître les coupables de certains crimes (*art.* 138. *C. P.*) ;

Dans ces différents cas, la question d'excuse est posée au conseil et, si elle est résolue affirmativement, l'accusé est déclaré coupable du crime ou du délit ; mais comme la loi ne prononce aucune peine, il est absous.

77° Excuses atténuantes. — Les excuses atténuantes sont celles qui emportent atténuation de la peine ;

Ce sont :

La provocation par suite de coups et violences graves envers les personnes (*art.* 321. *C. P.*)

Le fait de repousser l'escalade pendant le jour (*art.* 322 *C. P.*) ;

La castration provoquée par un outrage violent à la pudeur (*art.* 323. *C. P.*) ;

Le fait d'avoir agi sans discernement pour les accusés âgés de moins de 16 ans au moment du crime (*art.* 67. *C. P.*)

Dans ces différents cas encore, la question est posée

aux juges, et si elle est résolue affirmativement, l'accusé est déclaré coupable du crime ; mais, en raison des circonstances, il est acquitté (*art. 66. C. P.*), ou condamné à une peine bien moindre que celle édictée pour le crime qu'il a commis (*art. 326 et 67. C. P.*)

78° Faits justificatifs. — Les faits justificatifs sont ceux qui enlèvent toute espèce de culpabilité.

Ce sont :

La démence (*art. 64. C. P.*) ;

La contrainte (*art. 64. C. P.*) ;

L'ordre de la loi (*art. 327. C. P.*) ;

La légitime défense de soi-même ou d'autrui (*art. 328. C. P.*) ;

Le fait de repousser l'escalade ou l'effraction des clôtures pendant la nuit (*art. 329. C. P.*)

Dans ces cas il n'y a pas lieu de poser de questions aux juges, qui répondent négativement à la question posée s'ils admettent que l'accusé, au moment du crime, était dans l'un des cas spécifiés ci-dessus.

Lorsque l'accusé propose pour excuse un fait admis comme tel par la loi, le président doit, à peine de nullité, soumettre la question aux juges (*art. 339. Instruction C^elle.*)

79° Faits nouveaux. — Quant aux faits nouveaux révélés par les débats, lorsqu'ils ne sont ni une modification, ni une dépendance du fait incriminé, ils ne peuvent faire l'objet d'une question subsidiaire.

Lorsqu'il résulte, soit des pièces produites, soit des dépositions des témoins entendus dans les débats, que l'accusé peut être poursuivi pour d'autres crimes ou délits que ceux qui ont fait l'objet de l'accusation, le conseil de guerre, après le prononcé du jugement, renvoie, sur les réquisitions du commissaire du gouvernement, ou même d'office, l'accusé au général qui a donné l'ordre de mise en jugement pour être procédé, s'il y a lieu, à l'instruction.

S'il y a eu condamnation, il est sursis à l'exécution du jugement.

S'il y a eu acquittement ou absolution, le conseil de guerre ordonne que l'accusé demeurera en état d'arrestation jusqu'à ce qu'il ait été statué sur les faits nouvellement découverts. (*Art. 142. J. M.*)

80° Faits nouveaux relevés contre un individu étranger à l'accusation. — Lorsque les débats révèlent l'existence d'indices de culpabilité contre des individus étrangers à l'accusation, la procédure à suivre change selon les cas énumérés ci-après :

1° Les débats amènent la découverte d'un complice des faits qui amènent l'accusé devant le conseil.

Si le complice présumé est justiciable des conseils de guerre, le commissaire du gouvernement fait ses réserves (*modèle N° 27*) à l'effet de le poursuivre ultérieurement, et il requiert le conseil de rendre un jugement avant faire droit de plus ample informer. (*Modèle N° 28.*)

A la suite de ces réserves, il est établi un procès-verbal de l'incident. (*Modèle N° 29.*)

La procédure, augmentée des pièces ci-dessus, est envoyée au général qui a donné l'ordre de mise en jugement, qui décide s'il doit décerner un ordre d'informer contre ce complice.

Si le complice présumé n'est pas justiciable des conseils de guerre, le commissaire du gouvernement fait ses réserves comme il est dit ci-dessus.

A la suite de ces réserves, on établit un procès-verbal de l'incident et le conseil, sur les réquisitions du commissaire du gouvernement, rend un jugement d'incompétence. (*Modèle N° 30.*)

Les pièces de la procédure sont alors envoyées au général qui les transmet au procureur de la République du lieu où siège le conseil de guerre, qui saisit le tribunal compétent.

2° Les débats amènent la découverte d'un crime ou d'un délit commis par un individu étranger à l'accusation.

Le commissaire du gouvernement fait ses réserves à

l'effet de le faire poursuivre ultérieurement ; on établit un procès-verbal de l'incident et le jugement sur le fond est rendu dans la forme ordinaire.

Le procès-verbal de l'incident est ensuite envoyé au général, qui décide s'il y a lieu de décerner un ordre d'informer (si le nouvel accusé est justiciable des conseils de guerre), ou qui l'envoie au procureur de la République si cet accusé est justiciable des tribunaux ordinaires.

80° Conviction de plusieurs crimes on délits. — En cas de conviction de plusieurs crimes ou délits, la peine la plus forte est seule prononcée. (*Art. 135. J. M.*)

81° Non-cumul des peines. — Du principe du non-cumul des peines écrit dans l'art. 135 du Code de justice militaire résulte cette conséquence qu'un accusé mis en jugement expie tous les crimes ou délits qu'il peut avoir commis antérieurement, par sa condamnation à la plus forte des peines encourues par ces crimes ou délits.

Ainsi, un accusé est reconnu coupable de voies de fait, en dehors du service, envers un supérieur et de vente d'un effet d'habillement.

Les voies de fait, étant punies, par l'article 223 du Code de justice militaire, de 5 à 10 ans de travaux publics et la vente d'effets, par l'article 244 du même Code, de 1 an à 5 ans de prison, la peine à appliquer doit rester dans les limites de celle portée en l'article 223.

Les règles relatives au non-cumul des peines ne peuvent recevoir leur application qu'à l'égard des jugements contradictoires définitifs ; il en résulte qu'on ne peut les invoquer pour un jugement antérieur rendu par contumace ou par défaut ou pour un jugement qui ne serait pas devenu définitif.

Pour faire l'application de la règle du non-cumul des peines, on doit prendre pour base la peine réellement prononcée, et non celle qui aurait pu être appliquée en raison de la nature grave du fait.

On entend par peine la plus forte celle qui est la plus élevée dans l'échelle des peines. La plus grave absorbe la moins élevée dans cette échelle, quand même la plus grave n'aurait été prononcée que dans son minimum, parce qu'elle est la plus forte par sa nature.

Quand les peines prononcées, même par des juridictions différentes, sont de même nature, elles peuvent se cumuler jusqu'à ce que, réunies, elles atteignent le maximum, qui seul constitue la peine la plus forte par sa durée ; mais la deuxième juridiction est en droit de confondre la peine encourue dans celle déjà prononcée, et sans qu'elle en soit aggravée.

82° Cumul des peines. — Mais la règle du non-cumul des peines ne fait pas obstacle à la mise sous la surveillance de la haute police, lorsqu'elle est prononcée contre un des crimes ou délits déclarés constants.

Ainsi un accusé déclaré coupable de vol et de mendicité peut être condamné à la prison en vertu de l'article 401 du Code pénal et mis sous la surveillance de la haute police, peine accessoire du délit de mendicité prévue par l'art. 282 du même Code :

« Attendu, dit un arrêt de la Cour de Cassation, que la » peine accessoire est attachée, non à la peine principale, mais au délit lui-même ;

» Que d'ailleurs les peines accessoires sont établies » dans l'intérêt général, en vue du caractère propre à » certains délits ;

» Que le but du législateur serait manqué si celui » contre lequel il a voulu que ces mesures fussent » employées y échappait par cela seul, qu'outre ce délit » spécial qui les rend nécessaires, il en aurait commis » un autre plus grave. »

Il en est de même de l'affiche du jugement qui peut être ordonnée contre un individu déclaré coupable de plusieurs crimes ou délits, quand même cette affiche serait une peine accessoire du délit le moins grave.

Les peines accessoires sont énumérées dans l'article 11 du Code pénal.

La règle du non-cumul des peines a une exception dans l'article 245 du Code pénal, qui punit l'évasion par bris de prison, et dans l'art. 220 du même Code, qui punit la rébellion des prisonniers, prévenus, accusés ou condamnés.

Les peines prononcées par ces deux articles doivent être subies immédiatement après l'expiration de la première peine encourue lorsque celle-ci n'est ni capitale, ni perpétuelle ; ou pour les acquittés et absous, aussitôt après que l'arrêt d'acquittement ou d'absolution est devenu définitif.

Des termes mêmes de l'article 135 :

« *En cas de conviction de plusieurs crimes ou délits*, » il résulte qu'il n'est pas applicable lorsque l'accusé est déclaré coupable en même temps d'un crime ou d'un délit et d'une contravention.

Dans ce cas les juges doivent prononcer 2 peines qui sont subies cumulativement.

Ainsi un accusé étant reconnu coupable de vente d'un effet et d'ivresse manifeste et publique, il faut prononcer la peine de l'emprisonnement portée en l'article 244 du Code de justice militaire, pour la vente, et l'amende portée en l'article 1er de la loi du 23 janvier 1873, pour l'ivresse. Et si les juges, faisant application de l'article 195 du Code de J. M., remplaçaient l'amende par un emprisonnement, cette peine d'emprisonnement serait subie après celle prononcée en réparation du délit de vente d'effets. (*Modèle N° 31.*)

L'article 135 n'est pas non plus applicable aux amendes prononcées par les lois spéciales.

83° Récidive. — On nomme récidive l'action de commettre de nouveau, après une condamnation, un crime, un délit ou une contravention.

Les règles de la récidive sont énumérées aux articles 56, 57, 58 et 483 du Code pénal.

Le Code de justice militaire n'a prévu la récidive que pour la désertion seulement.

Par conséquent, pour qu'il y ait lieu à faire application aux militaires de l'aggravation de peine résultant de la récidive, il faut que ces militaires, après une condamnation encourue pour délit, crime ou contravention de droit commun, comparaissent de nouveau pour un fait réprimé par les lois pénales ordinaires.

Outre la désertion qui, en cas de récidive, est punie d'une aggravation de peine prévue dans les articles 232 et 236 du Code de justice militaire, il y a quatre espèces de récidives :

1° La récidive de crime à crime (*art.* 56. *C. P.*), qui existe lorsque l'accusé ayant été condamné à une peine afflictive ou infamante a commis un nouveau crime.

2° La récidive de crime à délit (*art*. 57. *du Code pénal*), lorsque l'accusé ayant déjà été condamné pour crime a commis un délit.

3° La récidive de délit à délit (*art.* 58, *C. P.*), lorsque l'accusé a déjà été condamné à un emprisonnement de plus d'une année et qu'il comparaît sous l'inculpation d'un délit.

4° Enfin, la récidive de contravention à contravention (*art.* 483, *C. P.*), qui existe lorsque le coupable a déjà été condamné dans les 12 mois précédents pour contravention de police.

Il ne doit pas être posé de question pour la récidive ; mais pour qu'il y ait lieu à appliquer l'aggravation de peine résultant de la récidive, il faut que le premier jugement rendu ait acquis l'autorité de la chose jugée, et qu'il soit constaté juridiquement par un extrait joint au dossier. (*Voir modèle N° 32.*)

84° Surveillance de la haute police. — Les coupables condamnés aux travaux forcés à temps, à la détention et à la réclusion, sont de plein droit, après qu'ils auront subi leur peine et pendant vingt années, sous la surveillance de la haute police.

Néanmoins, l'arrêt ou le jugement de condamnation pourra réduire la durée de la surveillance ou même déclarer que les condamnés n'y seront pas soumis. (*Art. 46. C. P.*)

La surveillance de la haute police étant une peine, le Conseil doit délibérer sur son application de la même façon que pour les autres peines. (*Art. 47. C. P.*)

85° Contrainte par corps. — Le jugement qui prononce une peine contre l'accusé, le condamne aux frais envers l'Etat. (*Art. 139. J. M.*)

La loi du 22 juillet 1867 détermine la durée de la contrainte par corps selon la quotité des frais.

Le vœu de la loi est rempli si le Conseil déclare que la durée de la contrainte par corps est fixée « *au minimum.* »

86° Confiscation ou restitution des pièces de conviction. — Le jugement ordonne, en outre, dans les cas prévus par la loi, la confiscation des objets saisis et la restitution, soit au profit de l'Etat, soit au profit des propriétaires, de tous objets saisis ou produits au procès comme pièces de conviction. (*Art. 139, J. M.*)

Les pièces de conviction à confisquer sont celles qui ont servi à perpétrer le crime. Ainsi le couteau qui a servi à commettre le crime doit être confisqué.

Les objets provenant d'un vol doivent être restitués à la victime.

87° Lecture du jugement. — Le verdict une fois rendu, le Conseil rentre dans la salle d'audience où le président lit, en séance publique, le motif et le dispositif du jugement. (*Art. 136. J. M.*)

Les motifs sont les questions résolues affirmativement ou négativement, et l'existence des circonstances atténuantes, si elles ont été résolues affirmativement par les juges.

Le dispositif est la peine appliquée, l'ordonnance d'absolution ou l'ordonnance d'acquittement.

Il ne faut pas omettre d'indiquer par quel nombre de voix les questions ont été résolues et la peine a été appliquée.

Pour les questions résolues affirmativement, voici les différents cas qui peuvent se produire :

A l'unanimité ;

A la majorité de six voix contre une ;

A la majorité de cinq voix contre deux ;

Pour les excuses il faut ajouter : à la majorité de

quatre voix contre trois, lorsque le Conseil est composé de sept juges.

Si le Conseil est composé de cinq juges seulement, il ne peut se produire que trois cas :

A l'unanimité ;

A la majorité de quatre voix contre une ;

A la majorité de trois voix contre deux ;

Pour les questions résolues négativement :

A l'unanimité ;

A la majorité de six voix contre une ;

A la majorité de cinq voix contre deux ;

A la majorité de quatre voix contre trois ;

A la minorité de faveur de trois voix contre quatre, pour les conseils composés de sept juges, et :

A l'unanimité ;

A la majorité de quatre voix contre une ;

A la majorité de trois voix contre deux, pour les Conseils composés de cinq juges seulement.

Pour la peine, les différents cas sont, lorsque le conseil est composé de sept juges :

A l'unanimité ;

A la majorité de six voix contre une ;

A la majorité de cinq voix contre deux ;

Par quatre voix contre trois qui ont prononcé une peine plus forte.

Par trois voix contre quatre qui ont prononcé nne peine plus forte ;

Par deux voix contre cinq qui ont prononcé différentes peines plus fortes ;

Par une voix contre six qui ont prononcé différentes peines plus fortes ;

Lorsque le Conseil est composé de cinq juges on peut avoir :

A l'unanimité ;

A la majorité de quatre voix contre une ;

A la majorité de trois voix contre deux ;

Par deux voix contre trois qui ont prononcé différentes peines plus fortes ;

Par une voix contre quatre qui ont prononcé différentes peines plus fortes ;

Pour les circonstances atténuantes, la formule sacramentelle est :

A la majorité, il existe des circonstances atténuantes en faveur de l'accusé N.... sans indiquer par quel nombre de voix cette majorité a été obtenue.

88° Lecture des articles de lois. — Le président donne ensuite lecture des différents articles de lois applicables aux faits déclarés constants.

Il n'est nullement tenu de lire les articles de lois qui contiennent des définitions.

Ainsi : l'article 379 du Code pénal, qui définit le vol; l'article 396 qui définit l'effraction.... peuvent ne pas être lus.

Mais lorsqu'un accusé a été déclaré coupable de plusieurs faits à la fois, il ne faut pas se borner à lire le texte de la loi qui prononce la peine la plus forte, il faut, de plus, donner lecture de tous les articles relatifs aux peines applicables à tous les faits déclarés constants.

89° Erreur dans le jugement. — Si le président, en lisant le jugement, ou l'un des juges, remarquait qu'il s'est glissé une erreur ou une omission quelconque, il peut la faire rectifier ainsi qu'il suit :

Le Conseil se retire dans la salle des délibérations et délibère sur l'erreur ou sur l'omission.

Il rentre ensuite dans la salle d'audience, où le président recommence publiquement la lecture du jugement.

90° Acquittés. — Si l'accusé n'est pas reconnu coupable, le conseil prononce son acquittement et le président ordonne qu'il soit mis en liberté s'il n'est retenu pour autre cause. (*Art. 136. J. M.*)

L'article 12 de la loi du 18 brumaire an VI prescrivait de ne mettre les acquittés ou les absous en liberté qu'à l'expiration du délai fixé pour le recours en révision du commissaire du gouvernement. Cette restriction, en ce qui concerne les acquittés, n'existant plus dans l'article 136 du Code de justice militaire, il s'ensuit qu'en cas d'acquittement l'accusé doit être immédiatement mis en liberté.

91° **Absous.** — Si le conseil de guerre déclare que le fait commis par l'accusé ne donne lieu à l'application d'aucune peine, il prononce son absolution et le président ordonne qu'il sera mis en liberté à l'expiration du délai fixé pour le recours en révision. (*Art. 136. J. M.*)

L'absolution résulte de ce que le fait dont l'accusé est déclaré coupable n'est puni par aucune loi pénale.

Ainsi l'outrage à la pudeur prévu par l'article 330 du Code pénal n'est puni que s'il a été public ; par conséquent l'accusé déclaré coupable d'outrage à la pudeur sans qu'il ait été fait mention de la publicité doit être absous.

L'accusé absous ne doit pas être condamné aux frais du procès.

Il n'est pas admis à se pourvoir en révision ; mais le ministère public ayant ce droit aux termes de l'article 144 du Code de justice militaire, l'absous ne doit être mis en liberté qu'après l'expiration du délai fixé pour le recours en révision.

Il n'appartient pas au président de prononcer l'absolution. C'est le conseil qui, par une décision motivée, doit déclarer qu'il ne peut prononcer de peine au fait insuffisamment qualifié ou dépourvu de son caractère de délit. (*Modèle N° 33.*)

La séance continue !

Huissier, faites introduire l'accusé X...

ou : **La séance est levée.**

La lecture du jugement et des articles terminée, le président déclare que la séance continue ou, si les affaires inscrites au rôle sont épuisées, que la séance est levée.

92° **Suspension des débats.** — L'examen et les débats sont continués sans interruption, et le président ne peut les suspendre que pendant les intervalles nécessaires pour le repos des juges, des témoins et des accusés.

Les débats peuvent être encore suspendus si un témoin dont la déposition est essentielle ne n'est pas présenté, ou si, la déclaration d'un témoin ayant paru fausse, son arrestation a été ordonnée, ou lorsqu'un fait important reste à éclaircir.

Le Conseil prononce sur la suspension des débats à la majorité des voix, et, dans le cas où la suspension dure plus de quarante-huit heures, les débats sont recommencés en entier. (*Art. 129. J. M.*)

Les différentes formules de suspension sont :

La séance est suspendue pendant... minutes; ou **Les débats sont suspendus, la séance est renvoyée à demain... heures. Nous avertissons MM. les juges et nous intimons aux témoins qu'ils ont à se présenter à la dite heure, sous les peines que de droit.**

93° Condamné médaillé ou décoré. — Si le condamné est membre de l'ordre national de la Légion-d'Honneur ou décoré de la médaille militaire, le jugement déclare, dans les cas prévus par les lois, qu'il cesse de faire partie de la Légion-d'Honneur ou d'être décoré de la médaille militaire. (*Art. 138. J. M.*)

La formule à ajouter au dispositif du jugement est, après l'indication de la peine :

Et déclare qu'il cesse de faire partie de la Légion-d'Honneur, (ou d'être décoré de la médaille militaire);

et on ajoute l'article 138 du Code de justice militaire aux articles visés dans le jugement.

Si le condamné est décoré d'une médaille commémorative, la formule est la même, en indiquant le titre de la médaille.

Procédures particulières.

94° Contumax. — Lorsqu'après l'ordre de mise en jugement l'accusé d'un fait qualifié crime n'a pu être saisi, ou, lorsqu'après avoir été saisi, il s'est évadé, le président du Conseil de guerre rend une ordonnance indiquant le crime pour lequel l'accusé est poursuivi, et portant qu'il sera tenu de se présenter dans un délai de dix jours.

Cette ordonnance est mise à l'ordre du jour. (*Art. 175 du Code de J. M. — Modèle N° 34.*)

Après l'expiration du délai de dix jours à partir de la mise à l'ordre du jour de l'ordonnance du président, il est procédé, sur l'ordre du général commandant la circonscription, au jugement par contumace. (*Art. 176 J. M.*)

L'ordonnance du président et une expédition de l'ordre du jour de la place sont jointes à la procédure.

Les dix jours dont parle l'article 176 du Code de justice militaire doivent être francs, c'est-à-dire que le jour où l'ordonnance est mise à l'ordre et celui du jugement ne doivent pas compter.

Par exemple l'ordonnance du président étant mise à l'ordre du jour le 1er novembre, le contumace ne peut être jugé que le 12.

Le général commandant la circonscription ayant été informé de l'accomplissement des formalités susindiquées, ordonne la convocation du conseil et fixe le jour et l'heure de sa réunion.

Nul défenseur ne peut se présenter pour l'accusé contumace. (*Art. 176 J. M.*)

Aucun témoin ne peut être entendu ; mais les rapports et procès-verbaux, la déclaration des témoins et les autres pièces de l'instruction sont lus en entier à l'audience.

Le commissaire du gouvernement fait ses réquisitions et le conseil se retire dans la salle des délibérations.

Le jugement est rendu dans la forme ordinaire. (*Art. 176 J. M.*)

Il est à remarquer qu'il résulte de nombreux arrêts de la cour de cassation qu'il ne peut y avoir admission de circonstances atténuantes en faveur de l'accusé contumax.

Pourtant les juges peuvent admettre les questions d'excuses.

Par suite de la réponse négative sur les questions aggravantes ou par suite de l'admission d'une question subsidiaire, le fait qualifié crime peut dégénérer en délit et même en simple contravention.

Ainsi un vol qualifié peut devenir un vol simple ;

Un assassinat peut devenir un homicide involontaire, etc...

Le recours en révision contre les jugements par contumace n'est ouvert qu'au commissaire du gouvernement. (*Art. 177 J. M.*)

95° Défaillant. — L'orsqu'il s'agit d'un fait qualifié délit par la loi, si l'accusé n'est pas présent, il est jugé par défaut. (*Art. 179 J. M.*)

La loi dit : « si l'accusé n'est pas présent, il est jugé par défaut ; » par conséquent il n'y a pas pour le défaillant l'ordre formel de se présenter et de se constituer prisonnier, comme il est dit pour le contumax.

Cependant, comme il est de principe général et absolu que nul ne peut être jugé s'il n'a été appelé à se défendre, il faut que la procédure constate que le prévenu a été régulièrement cité à comparaître devant le conseil.

Cette citation, aux termes des articles 68 et 69 du Code de procédure civile, 184 du Code d'instruction criminelle et 183 du Code de justice militaire, doit être donnée à personne ou à domicile par un agent de la force publique qui en dresse procès-verbal, et il doit y avoir au moins un délai de 3 jours, outre un jour par trois myriamètres, entre la citation et le jugement.

Tous ces délais doivent être francs, et en outre, le domicile des militaires est celui qu'ils avaient avant leur entrée au service.

Par conséquent, si le domicile du militaire est à 150 kilomètres du lieu où siège le conseil, et si la citation lui est faite le 1er novembre, il faut compter 3 jours de délais et 5 jours de route. Le jugement ne peut être rendu que le 10 novembre.

Aussitôt après la lecture de l'ordre de mise en jugement, le président donne l'ordre au greffier de lire : 1° la citation faite au prévenu d'avoir à comparaître ; 2° le procès-verbal de l'agent de la force publique chargé de cette notification.

Le conseil, ayant ainsi constaté la régularité de cette citation et l'expiration des délais pour comparaître, décide, par exemple en ces termes, qu'il y a lieu de passer outre au jugement :

« Attendu que le prévenu X... n'a pas répondu à » l'appel de son nom fait par l'huissier de service, le » Conseil, après avoir constaté que l'assignation à » comparaître à l'audience de ce jour a été notifiée à » son dernier domicile et que les délais pour se repré- » senter sont expirés, dit qu'il y a lieu de passer outre au » jugement sur le fond. »

Dans un jugement par défaut les témoins sont entendus à l'audience de la même façon que dans les jugements contradictoires, et quoiqu'il n'y ait pas lieu de nommer un avocat d'office à l'inculpé défaillant, celui-ci peut faire présenter sa défense par un avocat de son choix.

96° Contumax repris ou qui se représente. — Lorsqu'un accusé précédemment jugé par contumace se représente ou est arrêté, le jugement qui l'a condamné tombe de plein droit.

Toute la procédure antérieure à l'ordre de mise en jugement est maintenue et tout ce qui a suivi cet ordre est annulé.

Aux termes de l'article 180 du Code de justice militaire, lorsqu'il s'agit de purger un jugement rendu par contumace, le Conseil doit d'abord, et avant de passer au jugement sur le fond, s'assurer de l'identité de l'accusé.

Cette reconnaissance d'identité doit être faite en audience publique, en présence de l'accusé et après avoir entendu les témoins appelés tant par le commissaire du gouvernement que par l'individu repris, à peine de nullité.

Il est évident que si l'identité n'est pas contestée, il

n'y a pas lieu de rendre un jugement ; une simple déclaration du Conseil faite, par exemple dans les termes suivants, suffit :

« L'identité du nommé X...... étant bien établie et » n'étant contestée par aucune des parties, le Conseil » déclare passer outre au jugement contradictoire sur » le fond. »

Mais si l'identité est contestée, il faut que les juges se prononcent par un jugement motivé, rendu publiquement. *(Modèle N° 36.)*

L'accusé et le commissaire du gouvernement ont le droit de se pourvoir en révision contre le jugement de reconnaissance d'identité.

Par conséquent, dans le cas où il y a eu jugement préjudiciel, les débats sur le fond ne peuvent avoir lieu avant que le Conseil de révision ait statué, s'il y a eu pourvoi, ou avant que les délais du pourvoi soient expirés, s'il n'y en a pas eu.

Il ne faut pas oublier que, pour le jugement contradictoire à la suite d'un jugement par contumace, le président doit faire donner lecture, à peine de nullité, des interrogatoires des co-accusés ainsi que des dépositions des témoins cités soit par l'accusé, soit par le commissaire du gouvernement, qui n'ont pu comparaître aux débats.

De même l'article 478 du Code d'instruction criminelle dit formellement que le contumax qui, après s'être représenté, obtiendrait son renvoi de l'accusation, doit toujours être condamné aux frais occasionnés par sa contumace.

97° Opposition à un jugement par défaut. — La condamnation par défaut est comme non avenue si, dans les cinq jours à partir de la signification, outre un jour par cinq myriamètres, le condamné a formé opposition.

Le Code de justice militaire ne parlant pas de la procédure à suivre si une opposition régulière ou irrégulière a été formée contre un jugement rendu par défaut, les Conseils de guerre sont obligés de recourir au Code d'instruction criminelle, qui détermine la procédure à suivre dans ses articles 187 et 188.

Ainsi, si un condamné par défaut déclare former opposition à son jugement, le commissaire du gouvernement le cite pour la première audience. Le Conseil examine si l'opposition est régulière et si elle a été formée dans les délais légaux et, dans ce cas, rend un jugement de recevabilité d'opposition. (*Modèle N° 57.*)

Si l'opposition a été tardive, le Conseil rend contre le condamné un jugement de débouté d'opposition (*Modèle N° 58.*)

Dans le premier cas, les débats sont recommencés en entier.

Dans le second, le jugement par défaut est réputé contradictoire et il ne peut plus être attaqué que devant le Conseil de révision.

Si le condamné, après avoir fait opposition et avoir été cité à la première audience ne comparaissait pas, l'opposition doit être considérée comme non-avenue.

Le prévenu, condamné par défaut et acquitté sur l'opposition, doit néanmoins supporter les frais de l'expédition de la signification du jugement par défaut et de l'opposition.

MODÈLES

e RÉGION de corps d'armée

—

Art. 111 du Code de Justice militaire.

—

AVIS D'UN ORDRE de mise en jugement.

—

MODÈLE N° 1. (FORMULE N° 11.)

Le général commandant la.... e région de corps d'armée prévient M. le président du Conseil de guerre qu'il a donné le...... du mois de..........., l'ordre de mise en jugement, devant ledit Conseil, des nommés..........................
....
....
inculpés de..
....
....

Il le prévient, en outre, que la réunion du Conseil, dans le lieu ordinaire de ses séances, est fixée au... du mois de... à.... heure du....

Au quartier général, à...........
le.............

A. M..... président du Conseil de guerre de la....... région de corps d'armée.

---

e RÉGION de corps d'armée

—

Art. 111 du Code de Justice militaire.

—

AVIS D'UN ORDRE de mise en jugement.

—

MODÈLE N° 1 (*Bis*). (FORMULE N° 11 (*Bis*).

Le général commandant la.... e région de corps d'armée, prévient le commissaire du gouvernement près le..... Conseil de guerre qu'il a donné, le..... du mois de..... l'ordre de mise en jugement, devant ledit Conseil, des nommés.....
....
....
inculpés de..
....
....

Il le prévient, en outre, que la réunion du Conseil, dans le lieu ordinaire de ses séances, est fixée au..... du mois de...... à...... heure............

Les convocations nécessaires devront être faites en conséquence.

Au quartier général, à...........
le...............

A. M..... commissaire du gouvernement près le...... Conseil de guerre de la....... région de corps d'armée.

CONSEIL DE GUERRE de la e Région de corps d'armée
—
(Art. 111 du Code de Justice militaire).

MODÈLE N° 2. (FORMULE N° 15.)

.... le........................ 188 .

LE COMMISSAIRE DU GOUVERNEMENT PRÈS LE........ CONSEIL DE GUERRE PERMANENT DE LA...... RÉGION DE CORPS D'ARMÉE,

A Monsieur..
Membre du Conseil de guerre.

MONSIEUR,

Vous êtes prévenu que, conformément à l'ordre du Général commandant le...... corps d'armée, en date du...... le.... Conseil de guerre, dont vous êtes membre, se réunira le.... du mois d..............., à...... heure très précise d....., au lieu ordinaire de ses séances, à l'effet de juger le..... nommé............................
....
prévenu d..
....

MODÈLE N° 3 *(Recto)*.

ORDONNANCE DU PRÉSIDENT

Pour l'arrestation et la détention pendant....... jours, d'un assistant causant du tumulte à l'audience.

Cejourd'hui............. le Conseil de guerre de la........ région de corps d'armée, séant à...... étant assemblé dans le lieu ordinaire de ses séances, à l'effet de juger le nommé ....

Attendu que, pendant le cours des débats, le nommé *(nom, prénoms, qualité)*, présent dans l'auditoire, a donné des marques d'approbation *(ou d'improbation)*,

Nous...... colonel du...... régiment de...... président dudit Conseil, avons ordonné son expulsion immédiate de la salle d'audience;

Attendu que ledit.......... a résisté à nos ordres,

Vu l'article 115 du Code de justice militaire,

Ordonnons l'arrestation du nommé.......... et sa détention pendant *(un à quinze)* jours à la prison militaire *(ou civile)* de..........

Enjoignons à l'agent principal *(ou au gardien chef)* de la dite prison, sur l'exhibition de ladite ordonnance, de le recevoir et détenir.

Fait en audience publique, les jour, mois et an que dessus.

Le président,

Signification.

MODÈLE N° 3. *(Verso).*

SIGNIFICATION

De l'ordonnance du Président.

L'an mil huit cent quatre-vingt..... le.....................

A la requête de M. le président du Conseil de guerre de la.... région de corps d'armée ;

Nous..... gendarme à la résidence de..... *(ou sergent-huissier appariteur près ledit Conseil),*

Avons signifié et notifié l'ordonnance d'autre part à l'agent principal de la prison militaire de...... *(ou gardien chef de la prison civile)* et sommé d'écrouer le nommé........ que nous avons remis entre ses mains.

Ainsi déclaré et afin qu'il n'en ignore lui avons laissé copie des présentes ordonnance et signification.

Fait à......... le............

Certificat d'écrou.

Je, soussigné, agent principal *(ou gardien chef)* de la prison....... de.......

Certifions que le nommé........ ci-dessus désigné et qualifié, a, en vertu de l'ordonnance d'autre part, été écroué à ladite prison le.............

Fait à......... le..........

OBSERVATIONS. — L'ordonnance du président doit être faite en double expédition. L'une reste entre les mains de l'agent principal ou gardien-chef de la prison, l'autre, revêtue du certificat d'écrou, est jointe au dossier de la procédure.

MODÈLE N° 4.

JUGEMENT

Contre un assistant se rendant coupable de trouble ou de tumulte.

JUGEMENT.

AU NOM DU PEUPLE FRANÇAIS,

Cejourd'hui........ mil huit cent quatre-vingt...... le..... Conseil de guerre de la...... région de corps d'armée étant assemblé dans le lieu ordinaire de ses séances, à l'effet de juger le nommé............

Attendu que, pendant le cours des débats, le nommé *(nom prénoms, qualité)*, présent dans l'auditoire, a causé du trouble *(ou du tumulte)* dans le but de mettre obstacle au cours de la justice;

Ouï le commissaire du gouvernement en ses réquisitions,

Entendu le défenseur,

Le Conseil délibérant à huis-clos, le président a posé la question suivante :

Le nommé (nom, prénoms, qualité) est-il coupable de rébellion pour avoir, à l'audience publique de ce jour, causé du tumulte dans le but de mettre obstacle au cours de la justice ?

Les voix recueillies conformément à la loi, le Conseil de guerre déclare :

A l.......... oui, le prévenu......... est coupable ;

Sur quoi, et attendu les conclusions prises par le commissaire du gouvernement dans ses réquisitions, le président a lu le texte de la loi et a recueilli de nouveau les voix dans la forme prescrite par les articles 131 et 134 du Code de justice militaire, pour l'application de la peine;

En conséquence le Conseil condamne à l....... le nommé *(nom, prénoms)*, susqualifié, à la peine de....... *(un jour à deux ans de prison)*, par application de l'article 115 du Code de justice militaire, ainsi conçu : *(Lire cet article)*;

Enjoint au greffier de donner immédiatement lecture du présent jugement au condamné devant la garde rassemblée sous les armes et de l'avertir que la loi lui accorde un délai de 24 heures pour se pourvoir en révision.

Ordonne, en outre, que le présent sera annexé au jugement du nommé............

MODÈLE N° 5.

JUGEMENT

Contre un assistant militaire, coupable de voies de fait ou d'outrages envers le Conseil.

JUGEMENT.

AU NOM DU PEUPLE FRANÇAIS,

Cejourd'hui.......... le Conseil de guerre de la.......... région de corps d'armée, étant assemblé dans le lieu ordinaire de ses séances, à l'effet de juger le nommé...........

Attendu que, pendant le cours des débats, le nommé *(nom prénoms, qualité)*, présent dans l'auditoire, a exercé des voies de fait envers M. N. *(ou a outragé M. N....)* Membre du Conseil ;

Ouï le commissaire du gouvernement en ses réquisitions ;

Ouï le défenseur,

Le Conseil délibérant à huis-clos, le président a posé la question suivante :

Le nommé (nom, prénoms, qualité) est-il coupable d'avoir, à l'audience publique de ce jour, outragé par paroles, gestes et menaces (ou exercé des voies de fait envers) M. N..... Membre du Conseil ?

Les voix recueillies séparément, en commençant par le grade inférieur, le président ayant émis son opinion le dernier, le Conseil déclare :

A l.......... oui, le prévenu......... est coupable ;

Sur quoi, et attendu les conclusions prises par le commissaire du gouvernement dans ses réquisitions, le président a lu le texte de la loi et a recueilli de nouveau les voix dans la forme indiquée ci-dessus, pour l'application de la peine :

En conséquence ledit Conseil condamne à l........... le nommé........... à la peine de........... par application des articles........ *(223 pour les voies de fait, 224 pour les outrages)* et 115 du Code de justice militaire, ainsi conçus : *(Lire ces articles)* ;

Enjoint au greffier.......... etc....... *(comme au modèle N° 4).*

OBSERVATIONS. — *Les outrages et les voies de fait exercés à l'audience publique par un assistant, un accusé ou un témoin, doivent toujours être considérés comme ayant eu lieu pendant le service.*

MODÈLE N° 6.

JUGEMENT

Contre un assistant non militaire, coupable de voies de fait ou d'outrages envers le Conseil.

Même formule de jugement que le modèle N° 5. Les articles à viser sont : 228 du Code pénal pour les voies de fait, 223 du même Code pour les outrages et 115 du Code de justice militaire.

OBSERVATIONS. — *Les outrages et les voies de fait doivent être considérés comme ayant été exercés envers des magistrats dans l'exercice de leurs fonctions à l'audience.*

MODÈLE N° 7.

JUGEMENT

Contre un assistant justiciable des Conseils de guerre, se rendant coupable d'un crime ou d'un délit à l'audience.

JUGEMENT

AU NOM DU PEUPLE FRANÇAIS,

Cejourd'hui........... le Conseil de guerre de la...... région de corps d'armée délibérant à huis-clos, le président a posé la question suivante :

Le nommé X...... soldat au..... régiment d'infanterie. est-il coupable d'avoir, à l'audience publique de ce jour, soustrait frauduleusement une pipe au préjudice d'un militaire, le nommé Z...... soldat au même régiment ?

Les voix recueillies séparément, en commençant par le

grade inférieur, le président ayant émis son opinion le dernier, le Conseil déclare :

A l.......... oui, l'accusé X........ est coupable ;

A la majorité, il existe des circonstances atténuantes en sa faveur ;

Sur quoi et attendu les conclusions prises par le commissaire du gouvernement dans ses réquisitions, le président a lu le texte de la loi et a recueilli de nouveau les voix dans la forme indiquée ci-dessus, pour l'application de la peine.

En conséquence, le Conseil condamne à l............ le nommé X........ susqualifié, à la peine de un an de prison. par application des articles 116 et 248 du Code de justice militaire, ainsi conçus : *(Lire ces articles)*;

Enjoint au greffier..... etc...... (comme au modèle N° 1.)

Observations. — Ce jugement est joint au jugement de l'affaire dans laquelle le vol a été commis.

MODÈLE N° 8.

PROCÈS-VERBAL

Constatant un délit commis à l'audience par un assistant non justiciable des Conseils de guerre.

Cejourd'hui........ le..... Conseil de guerre de la...... région de corps d'armée, étant assemblé dans le lieu ordinaire de ses séances à l'effet de juger le nommé............ accusé de..............

Attendu que, pendant les débats, un assistant présent à l'audience s'est plaint d'un vol qui venait d'être commis à son préjudice par le sieur X........ marchand à........

Vu l'article 116 du Code de justice militaire ;

Attendu que ledit X........ n'est ni militaire ni assimilé aux militaires, et que dès lors il n'est pas justiciable des Conseils de guerre,

Nous.......... colonel au.......... régiment de.......... président du Conseil de guerre,

Ordonnons l'arrestation immédiate dudit X........

Déléguons M.. N..., juge, pour procéder à l'interrogatoire du prévenu et à l'audition des témoins, en se conformant à l'article 86 du Code de justice militaire ;

Ordonnons en outre, que le susnommé X........ sera, en vertu de notre mandat de dépôt, écroué à la prison civile et renvoyé, ensemble les pièces de la procédure, devant M. le procureur de la république de......... pour être statué par le tribunal compétent sur le délit de vol au préjudice d'un habitant.

Fait en audience publique, à............
le............

Le président.

Observations. — *Une expédition de ce procès-verbal doit être jointe au jugement de l'affaire dans laquelle l'arrestation a eu lieu. L'autre est envoyée au procureur de la république, avec les dépositions des témoins et l'interrogatoire de l'inculpé....*

MODÈLE N° 9.

PROCÈS-VERBAL

Constatant la sommation faite à un accusé qui refuse de comparaître à l'audience.

L'an mil huit cent quatre-vingt....... le......... à....... heures de relevée ;

Nous.......... gendarme à la résidence de............ *(ou huissier appariteur près le Conseil de guerre de la........ région de corps d'armée)* ;

Agissant en exécution de l'ordre de M. le président du Conseil de guerre de la....... région de corps d'armée et conformément à l'article 118 du Code de justice militaire,

Nous sommes rendu à la prison militaire de............ où étant et parlant à la personne du nommé........... *(nom, prénoms, qualité de l'accusé)*, l'avons sommé d'obéir à la justice et à cet effet, de comparaître à l'audience du Conseil de guerre pous y être jugé sur les faits de............ qui lui sont imputés.

Le nommé............. nous a répondu..............
(Indiquer la réponse).

Cette sommation a été faite en présence de l'agent principal de ladite prison.

De tout ce qui précède nous avons dressé le présent les jours mois et an que dessus, et nous avons signé après lecture, avec l'agent principal et l'accusé. *(Si l'accusé ne veut ou ne peut signer, il en sera fait mention.)*

MODÈLE N° 10.

JUGEMENT

Contre un accusé coupable de tumulte à l'audience.

JUGEMENT

AU NOM DU PEUPLE FRANÇAIS,

Cejourd'hui.......... le Conseil de guerre de la......... région de corps d'armée, délibérant à huis-clos.

Attendu que, pendant son interrogatoire, l'accusé....... a, par ses clameurs, causé du tumulte dans le but de mettre obstacle au cours de la justice ;

Statuant sur les réquisitions du commissaire du gouvernement ;

Ouï le défenseur,

Le président a posé la question suivante :

Le nommé X....... est-il coupable de rébellion pour avoir, à l'audience publique de ce jour, causé du tumulte dans le but de mettre obstacle au libre cours de la justice ?

Les voix recueillies séparément en commençant par le grade inférieur, le président ayant émis son opinion le dernier, le Conseil déclare :

A l............. Oui, le nommé......... est coupable ;

Sur quoi et attendu les conclusions prises par le commissaire du gouvernement dans ses réquisitions, le président a lu le texte de la loi et a recueilli de nouveau les voix dans la forme indiquée ci-dessus pour l'application de la peine ;

En conséquence, ledit Conseil condamne à l......... le nommé......... à la peine de........... *(un jour à deux ans de prison)*, par application de l'article 119 du Code de justice militaire ainsi conçu : *(Lire cet article)*;

Enjoint au greffier de donner immédiatement lecture du présent jugement au condamné, devant la garde rassemblée sous les armes, et de l'avertir que la loi lui accorde un délai de 24 heures pour se pourvoir en révision.

OBSERVATIONS. — Conformément à l'article 135 du Code de justice militaire, la peine la plus forte est seule prononcée. Par conséquent, si l'accusé était en même temps déclaré coupable d'un crime ou d'un délit, entraînant une peine plus forte, la peine prononcée en vertu de l'article 119 se confondrait avec celle prononcée en réparation du crime ou du délit pour lequel l'accusé avait été mis en jugement.

Au lieu d'un jugement séparé pour statuer sur l'incident, le président peut ordonner que la question de rébellion sera ajoutée à celles résultant de l'ordre de mise en jugement.

Le Conseil ne statue alors que par un seul et même jugement sur l'incident et sur le fond.

MODÈLE N° 11.

JUGEMENT

Contre un accusé militaire coupable de voies de fait envers un membre du Conseil.

JUGEMENT

Au nom du Peuple Français,

Cejourd'hui............ le Conseil de guerre de la......... région de corps d'armée, délibérant à huis-clos ;

Attendu que pendant les débats l'accusé X........ a exercé des voies de fait envers M.......... membre du Conseil ;

Ouï le commissaire du gouvernement dans ses réquisitions ;

Ouï le défenseur,

Le président a posé la question suivante :

Le nommé X........... est-il coupable d'avoir, à l'audience publique de ce jour, exercé des voies de fait envers M........ membre dudit Conseil ?

Les voix recueillies séparément, en commençant par le grade inférieur, le président ayant émis son opinion le dernier, le Conseil déclare :

A l.......... Oui, l'accusé X.......... est coupable ;

Sur quoi, et attendu les conclusions prises par le commissaire du gouvernement dans ses réquisitions, le président a lu le texte de la loi et a recueilli de nouveau les voix dans la forme indiquée ci-dessus, pour l'application de la peine ;

En conséquence, le Conseil condamne à l........... le nommé X........ susqualifié, à la peine de mort, par application des articles 223, 187 et 119 du Code de justice militaire, ainsi conçus : *(Lire ces articles)* ;

Enjoint au greffier...... etc.... *(comme au modèle N° 10*

Observations. — Les voies de fait exercées à l'audience envers un membre du Conseil, doivent être considérées, comme ayant été commise envers un supérieur dans le service. (Voir les observations du modèle N° 1

MODÈLE N° 11 *(Bis.)*

JUGEMENT

Contre un accusé militaire coupable d'outrages envers le Conseil.

JUGEMENT.

AU NOM DU PEUPLE FRANÇAIS,

Cejourd'hui.......... le Conseil de guerre de la.......... région de corps d'armée, délibérant à huis-clos;

Attendu que, pendant les débats, l'accusé X......... a outragé par paroles, gestes et menaces, les membre du Conseil;

Ouï le commissaire du gouvernement dans ses réquisitions;

Ouï le défenseur;

Le président a posé la question suivante :

Le nommé X........ est-il coupable d'avoir, à l'audience de ce jour, outragé par paroles, gestes et menaces les Membres du Conseil?

Les voix recueillies................ etc.........

A l............. Oui, l'accusé est coupable;

Sur quoi, et attendu.............. etc........

En conséquence, le Conseil condamne à l............. le nommé X........... susqualifié à la peine de............ ans de travaux publics, par application des articles 224 et 119 du Code de justice militaire, ainsi conçus : *(Lire ces articles)*;

Enjoint au greffier............ etc.........

OBSERVATIONS. — Mêmes observations que le modèle N° 11.

MODÈLE N° 12.

JUGEMENT

Contre un accusé non militaire se rendant coupable de voies de fait envers un membre du Conseil.

Même modèle que le N° 11.

Les articles à viser sont 228 du Code pénal et 119 du Code de justice militaire.

MODÈLE N° 12 *(Bis)*.

JUGEMENT

Contre un accusé non militaire se rendant coupable d'outrages envers le Conseil.

Même modèle que le N° 11 *(Bis)*.

Les articles à viser sont 223 du Code pénal et 119 du Code de justice militaire.

Observations. — Les voies de fait et les outrages commis à l'audience doivent toujours être considérés comme ayant été commis envers des magistrats dans l'exercice de leurs fonctions et à l'audience d'une cour ou d'un tribunal.

MODÈLE N° 13.

JUGEMENT

Contre un témoin défaillant sans amende et sans renvoi.

JUGEMENT.

AU NOM DU PEUPLE FRANÇAIS,

Cejourd'hui..........., le Conseil de guerre de la......... région de corps d'armée, délibérant à huis-clos ;

Statuant sur les réquisitions du commissaire du gouvernement ;

Ouï le défenseur ;

Le président a posé la question suivante :

Y a-t-il lieu de renvoyer l'affaire du nommé X........ à une autre séance ?

Les voix recueillies séparément en commençant par le grade inférieur, le président ayant émis son opinion le dernier,

Le Conseil :

Considérant que le témoin N.......... ne s'est pas présenté, mais a fait connaître un motif légitime d'empêchement ;

Attendu que sa déposition orale n'est pas indispensable à la manifestation de la vérité,

Déclare à l.............. qu'il n'y a pas lieu de renvoyer l'affaire du nommé X....... à une autre séance.

En conséquence, ledit Conseil ordonne qu'il sera passé outre aux débats et que lecture de la déposition écrite du témoin défaillant sera donnée au Conseil en temps opportun, conformément à l'article 126 du Code de justice militaire, ainsi conçu : *(Lire cet article.)*

MODÈLE N° 14.

JUGEMENT

Contre un témoin défaillant avec amende et sans renvoi.

JUGEMENT.

AU NOM DU PEUPLE FRANÇAIS.

Cejourd'hui.........., le Conseil de guerre de la.......... région de corps d'armée, délibérant à huis-clos;
Statuant sur les réquisitions au commissaire du gouvernement;
Ouï le défenseur.
Le président a posé les questions suivantes :

1re Question. — *Y a-t-il lieu de prononcer une amende contre le témoin X........, non comparant à l'audience après citation régulière ?*

2me Question. — *Y a-t-il lieu de renvoyer l'affaire du nommé N......... à une autre séance ?*

Les voix recueillies séparément en commençant par le grade inférieur, le président ayant émis son opinion le dernier,
Le Conseil,
Vu l'original de signification de la cédule régulièrement notifiée au nommé X......., à l'effet de comparaître à l'audience du Conseil, le........., pour témoigner dans l'affaire N.........
Attendu que ce témoin ne s'est pas présenté et n'a fait connaître aucun motif légitime d'empêchement ;
Considérant toutefois que sa déposition n'est pas indispensable à la manifestation de la vérité,
Par ces motifs, déclare :
1° *A l.......... qu'il y a lieu de prononcer une amende contre le témoin X......*
2° *A l.......... qu'il n'y a pas lieu de renvoyer l'affaire du nommé N........... à une autre séance.*
En conséquence, ledit Conseil : 1° condamne à l.......... le nommé X......... à la peine de........ fr. d'amende, et fixe au minimum la durée de la contrainte par corps ;
2° Ordonne qu'il sera passé outre aux débats et que lecture de la déposition écrite du témoin défaillant sera donnée au Conseil en temps opportun. Le tout par application des

articles 128, 126 du Code de justice militaire, 355, 89 du Code d'instruction criminelle et 9 de la loi du 22 juillet 1867, modifiée par celle du 19 décembre 1871, ainsi conçus : *(Lire ces articles.)*

Ordonne, en outre, que le présent jugement sera, conformément aux dispositions de l'article 179 du Code de justice militaire, à la diligence du commissaire du gouvernement, mis à l'ordre du jour de la place, affiché à la porte du lieu où siège le Conseil de guerre et signifié au condamné.

OBSERVATIONS. — En ce qui concerne les militaires, l'amende peut, en vertu de l'article 195 du Code de justice militaire, être changée en un emprisonnement de six jours à six mois. Le dispositif est alors libellé ainsi avant le 2° : « *Mais le Conseil, usant de la faculté qui lui est concédée par l'article 195 du Code de justice militaire, ordonne à l......... que la peine de....... frs. d'amende sera remplacée par un emprisonnement de ...* »

MODÈLE N° 15.

JUGEMENT

Ordonnant le huis-clos.

JUGEMENT.

AU NOM DU PEUPLE FRANÇAIS,

Cejourd'hui.........., le Conseil de guerre de la.......... région de corps d'armée, délibérant à huis-clos ;

Statuant sur les réquisitions du commissaire du gouvernement ;

Ouï le défenseur ;

Le président a posé la question suivante :

Y a-t-il lieu d'ordonner le huis-clos ?

Les voix recueillies séparément en commençant par le grade inférieur, le président ayant émis son opinion le dernier :

Le Conseil,

Considérant que la publicité des débats serait dangereuse pour l'ordre *(ou pour les mœurs)*,

Déclare à l.......... qu'il y a lieu d'ordonner le huis-clos, par application de l'article 113 du Code de justice militaire ainsi conçu : *(Lire cet article.)*

En conséquence le président ordonne que les assistants évacueront la salle d'audience et que les précautions nécessaires seront prises pour les empêcher d'entendre ce qui va être dit.

OBSERVATIONS. — Le président dit alors : « *Huissier, faites évacuer la salle, placez des sentinelles et faites fermer les portes.* »

MODÈLE N° 16.

JUGEMENT

Interdisant le compte-rendu des débats.

JUGEMENT.

AU NOM DU PEUPLE FRANÇAIS,

Ce jourd'hui.........., le Conseil de guerre de la......... région de corps d'armée, délibérant à huis-clos;

Statuant sur les réquisitions du commissaire du gouvernement;

Ouï le défenseur;

Le président a posé la question suivante:

Y a-t-il lieu d'interdire le compte-rendu de l'affaire X...

Les voix recueillies séparément en commençant par le grade inférieur, le président ayant émis son opinion le dernier:

Le Conseil,

Attendu qu'il serait dangereux pour l'ordre (*ou la discipline*), que la publicité du compte-rendu soit autorisée,

Déclare à l.......... qu'il y a lieu d'interdire le compte-rendu de l'affaire X.........., conformément à l'article 113, N° 4, du Code de justice militaire, ainsi conçu: (*Lire cet article.*)

MODÈLE N° 17.

ORDONNANCE DE JONCTION.

Nous......... président du Conseil de guerre de la....... région de corps d'armée;

Vu les ordres de mise en jugement, en date des.......... décernés contre les nommés X....... et Z........;

Vu l'article 307 du Code d'instruction criminelle;

Attendu qu'il importe à la bonne administration de la justice et à la manifestation de la vérité que ces procédures soient réunies.

Ordonnons leur jonction et disons qu'il sera statué sur icelles par un seul et même jugement.

Fait en audience publique, à......... le.......

MODÈLE N° 18.

ORDONNANCE DE DISJONCTION.

Nous.........., colonel du.......... régiment de.........
président du Conseil de guerre de la....... région de corps d'armée;

Vu l'ordre de mise en jugement décerné le........, contre les nommés X.........., accusé de........... et Z........ accusé de...........

Attendu que ces crimes n'offrent aucune connexité ;

Vu l'article 308 du Code d'instruction criminelle,

Ordonnons la disjonction des procédures et disons qu'il sera procédé sur icelles par deux jugements distincts et séparés.

Fait en audience publique, à.........., le.........

MODÈLE N° 19.

JUGEMENT

Du Conseil se déclarant compétent.

JUGEMENT.

AU NOM DU PEUPLE FRANÇAIS,

Cejourd'hui.........., le Conseil de guerre de la......... région de corps d'armée, délibérant à huis-clos;

Statuant sur les conclusions de la défense ;

Ouï le commissaire du gouvernement en ses réquisitions ;

Le président a posé la question suivante :

Y a-t-il lieu de se déclarer incompétent pour juger le nommé X........ ?

Les voix recueillies conformément à la loi,

Le Conseil,

Attendu qu'il ressort de la procédure que le nommé X....

au moment de la perpétration des faits qui lui sont reprochés, servait en qualité de soldat au......... régiment de....... ;

Qu'il était porté sur les contrôles, recevait la solde et toutes les fournitures accordées aux militaires et qu'il était, en outre, soumis à la discipline du corps ;

Que la seule circonstance que ledit X.......... est en activité de service, suffit pour le soumettre à la juridiction des Conseils de guerre pour tous crimes ou délits, autre que la désertion, malgré l'acte illégal qui le lie au service ;

Vu l'article 56 du Code de justice militaire :

Déclare à l............. qu'il n'y a pas lieu de se déclarer incompétent et, sans s'arrêter aux conclusions de la défense, passe outre aux débats sur le fond.

MODÈLE N° 19 (*Bis*).

AUTRE JUGEMENT

Du Conseil se déclarant compétent.

JUGEMENT

AU NOM DU PEUPLE FRANÇAIS,

Cejourd'hui.........., le Conseil de guerre de la.......... région de corps d'armée, délibérant à huis-clos ;

Statuant sur les conclusions du défenseur ;

Ouï le commissaire du gouvernement en ses réquisitions ;

Le président a posé la question suivante :

Y a-t-il lieu de se déclarer incompétent pour juger le nommé X.......?

Les voix recueillies conformément à la loi,

Le Conseil,

Attendu qu'il est de jurisprudence constante que l'achat, le recel et la réception en gage d'armes, d'effets d'habillement, de grand et de petit équipement, constituent à l'égard des individus non militaires, non point des faits de complicité, mais des faits principaux distincts, des délits spéciaux qui doivent donner lieu à la division des poursuites et au renvoi des prévenus militaires devant les Conseils de guerre, et des autres inculpés devant les tribunaux ordinaires ;

Vu les articles 76 et 247 du Code de justice militaire ;

Déclare à l........... qu'il n'y a pas lieu de se déclarer incompétent et, sans s'arrêter aux conclusions de la défense, passe outre aux débats sur le fond.

MODÈLE N° 20.

JUGEMENT

Renvoyant l'accusé pour prescription.

JUGEMENT.

AU NOM DU PEUPLE FRANÇAIS,

Cejourd'hui.........., le Conseil de guerre de la.......... région de corps d'armée délibérant à huis-clos ;

Statuant sur les conclusions de la défense;

Ouï le commissaire du gouvernement ;

Le président a posé la question suivante :

Y a-t-il lieu de faire droit aux conclusions du défenseur ?

Les voix recueillies conformément à la loi,

Le Conseil :

Attendu que le crime de faux en écriture authentique et publique imputé au nommé X......... a été commis il y a plus de dix ans ;

Considérant qu'il résulte des pièces jointes au dossier que pendant cet intervalle il n'a été fait aucun acte d'instruction, ni exercé aucune poursuite ;

Déclare à l........... qu'il y a lieu de faire droit aux conclusions du défenseur ;

En conséquence, le Conseil ordonne que le nommé X..... sera renvoyé des fins de la plainte, par application des articles 184 du Code de justice militaire et 637 du Code d'instruction criminelle, ainsi conçus : *(Lire ces articles.)*

MODÈLE N° 20 *(Bis.)*

AUTRE JUGEMENT

Renvoyant l'accusé pour prescription.

JUGEMENT.

AU NOM DU PEUPLE FRANÇAIS,

Cejourd'hui..........., le Conseil de guerre de la......... région de corps d'armée, délibérant à huis-clos;

Statuant sur les réquisitions du Commissaire du gouvernement ;

Ouï le défenseur dans ses conclusions conformes ;

Le président a posé la question suivante :

Y a-t-il lieu de faire droit aux réquisitions du commissaire du gouvernement ?

Les voix recueillies conformément à la loi,

Le Conseil :

Attendu qu'il résulte des pièces de la procédure que le nommé X.........., prévenu d'insoumission à la loi sur le recrutement de l'armée en temps de paix, a servi dans les armées néerlandaises, sans autorisation du gouvernement, du......... au.........;

Que, ce faisant, aux termes de l'article 21 du Code civil, il a perdu la qualité de Français et qu'il ne peut plus être astreint à aucun service militaire ;

Considérant qu'il s'est écoulé plus de trois années depuis cette époque ;

Vu les articles 638 du Code d'instruction criminelle et 184 du Code de justice militaire ;

Attendu que l'action publique est éteinte par la prescription,

Déclare à l............ qu'il y a lieu de faire droit aux réquisitions du commissaire du gouvernement.

En conséquence, le Conseil ordonne que le nommé X......, sera renvoyé des fins de la plainte, par application des articles 638 du Code d'instruction criminelle et 184 du Code de justice militaire, ainsi conçus : (*Lire ces articles.*)

MODÈLE N° 21.

JUGEMENT

Contre un témoin qui refuse de prêter serment.

JUGEMENT.

AU NOM DU PEUPLE FRANÇAIS,

Cejourd'hui.......... le Conseil de guerre de la.......... région de corps d'armée, réuni en audience publique à l'effet de juger le nommé X.........., accusé de..........

Attendu que le témoin Z.........., régulièrement cité, s'est refusé de prêter serment ;

Ouï le commissaire du gouvernement en ses réquisitions tendant à ce que ledit Z......... soit condamné à l'amende;

Le président a posé la question suivante :

Y a-t-il lieu de prononcer une amende contre le témoin Z.........., régulièrement cité et qui s'est refusé de prêter serment ?

Les voix recueillies séparément, en commençant par le grade inférieur, le président ayant émis son opinion le dernier,

Le Conseil déclare à l......... qu'il y a lieu de prononcer une amende contre le témoin Z............

Sur quoi, et attendu les conclusions prises par le commissaire du gouvernement dans ses réquisitions, le président a lu le texte de la loi et a recueilli de nouveau les voix dans la forme indiquée ci-dessus pour l'application de la peine.

En conséquence, le Conseil condamne à l............ le nommé Z........... à la peine de.......... francs d'amende, par application des articles 128 du Code de justice militaire, 355 et 80 du Code d'instruction criminelle, ainsi conçus : *(Lire ces articles.)*

MODÈLE N° 22.

JUGEMENT

Contre un témoin qui refuse de déposer.

Même modèle que le N° 21, en mettant dans la question et partout ou il y a : « *Qui s'est refusé de prêter serment.* » *Qui refuse de déposer.*

MODÈLE N° 23.

PROCÈS-VERBAL

Constatant une fausse déposition.

L'an............., le............., le Conseil de guerre de la........... région de corps d'armée, séant à........, réuni en audience publique, dans le lieu ordinaire de ses séances, à l'effet de juger le nommé.........., prévenn du........... délit prévu et puni par les articles..........

Nous........, colonel du...... régiment de....., président dudit Conseil,

Attendu que la déposition du sieur........, régulièrement assigné à la requête de M. le commissaire du gouvernement et entendu après prestation de serment comme témoin à charge, est en contradiction formelle avec celle faite par lui le........., devant M. le rapporteur du Conseil, et celles des autres témoins entendus tant à l'instruction qu'à l'audience de ce jour;

Considérant dès lors qu'il y a lieu de suspecter son témoignage,

Ordonnons au greffier de porter au présent procès-verbal la déposition dudit...........

Le président.

Le témoin X........., après avoir de nouveau prêté serment de dire toute la vérité, rien que la vérité, et interrogé par nous sur ses nom, prénoms, âge, état, profession et demeure, s'il est domestique, parent ou allié du prévenu et à quel degré, a répondu se nommer X........, âgé de...... ans, profession de..........., demeurant à............, ni domestique, ni parent ou allié du prévenu.

(Transcrire ici la déposition en entier).

Lecture faite au témoin de la déposition, il a déclaré y persister et a signé avec nous et le greffier. *(Si le témoin ne sait ou ne veut signer on l'indiquera.)*

Le président, *Le témoin,* *Le greffier,*

Et attendu que ledit........ persiste dans son témoignage, ordonnons qu'il sera gardé à vue jusqu'à la fin des débats, et que, si à ce moment il persiste encore, après l'avoir invité à réfléchir et avoir entendu la lecture de l'article 362 du Code pénal, il sera mis en état d'arrestation définitive et déposé à la prison (1) militaire, à la disposition de M. le général commandant le........ corps d'armée.

Fait, clos et signé en audience publique, les jour, mois et an que dessus.

Le président, *Le greffier,*

(1) Si le prévenu n'est pas justiciable des Conseils de guerre, on mettra : « prison civile, à la disposition de M. le procureur de la république, pour, à » sa diligence, être jugé conformément à la loi.
» Ordonnons que du tout, il sera dressé procès-verbal, dont copie destinée » à M. le procureur de la république. »

MODÈLE N° 24.

PROCÈS-VERBAL

D'arrestation d'un témoin inculpé de faux témoignage.

Nous.........., colonel du........... régiment..........., président du Conseil de guerre de la....... région de corps d'armée ;

Attendu qu'au cours des débats le nommé X......, témoin régulièrement cité à la requête du commissaire du gouvernement, dans l'affaire du nommé........., prévenu de......, a fait une déposition de nature à le constituer en état de faux témoignage ;

Considérant, en effet, que la déposition faite en audience publique par ledit...... est en contradiction avec celle faite par lui le......... devant M. le rapporteur du Conseil et les autres témoins entendus :

Attendu qu'après lui avoir donné lecture de l'article 362 du Code pénal et l'avoir invité à réfléchir et à se rétracter, lui laissant toute latitude jusqu'à la clôture des débats, il a néanmoins persisté dans sa déposition dont il a été tenu note dans un procès-verbal séparé signé de nous, du greffier et du prévenu ;

Vu l'article 127 du Code de justice militaire,

Ordonnons l'arrestation dudit............ pour être tenu à la disposition de (1) M. le général commandant le corps d'armée;

Commettons M........., l'un des juges du Conseil, pour procéder à l'instruction.

Fait en audience publique, à...... le......

Le président,

(1) Si le témoin n'est pas justiciable des Conseils de guerre, on mettra : « M. le procureur de la république de. .... pour être, par le tribunal » compétent, statué sur la prévention de faux témoignage en matière correc- » tionnelle contre le prévenu. »

MODÈLE N° 25.

MANDAT DE DÉPOT.

Nous........, président du Conseil de guerre de la....... région de corps d'armée, séant à.............

Vu l'article 127 du Code de justice militaire,

Mandons et ordonnons à tous agents de la force publique, sur ce requis, d'arrêter et de conduire à la prison *(militaire ou civile)* de..........., le nommé.........., inculpé de faux témoignage en matière correctionnelle contre le prévenu.

Délit prévu et puni par l'article 362 du Code pénal;

Enjoignons à *(l'agent principal ou gardien chef)* de ladite prison de le recevoir et retenir en dépôt jusqu'à ce qu'il en soit autrement ordonné;

Requérons tous dépositaires de la force publique de prêter main-forte, en cas de nécessité, pour l'exécution du présent mandat.

Fait à.........., le...........

Le président,

MODÈLE N° 26.

JUGEMENT

Contre un avocat se rendant coupable d'attaques contre les lois.

JUGEMENT.

AU NOM DU PEUPLE FRANÇAIS,

Cejourd'hui.........., le Conseil de guerre de la.........., région de corps d'armée, réuni en audience publique à l'effet de juger le nommé.........., accusé de.........

Attendu, que, dans le cours de sa plaidoirie, M^e..........., défenseur de l'accusé, a dit que le ministère public faisait appel aux passions les plus irritantes et qu'il a ajouté ces mots qui forment une qualification : « Cela est mauvais » ;

Considérant que cette expression contient évidemment un reproche à l'adresse du ministère public;

Que, ce faisant, Me......... s'est écarté du respect dû à la magistrature et a manqué aux devoirs de sa profession ;

Ouï le commissaire du gouvernement en ses réquisitions ;

Entendu le défenseur,

Le président a posé la question suivante :

Y a-t-il lieu de prononcer une peine de discipline contre Me...........

Les voix recueillies conformément à la loi,

Le Conseil déclare à l............., oui, il y a lieu de prononcer une peine de discipline contre Me...........;

Sur quoi et attendu les conclusions prises par le commissaire du gouvernement dans ses réquisitions, le président a lu le texte de la loi et a recueilli de nouveau les voix dans la forme indiquée ci-dessus pour l'application de la peine ;

En conséquence, le Conseil condamne à l......., Me...... à la peine de........., par application de l'article 18 de l'ordonnance du 20 novembre 1822, ainsi conçu :

« Les peines de discipline sont : L'avertissement ; la » réprimande ; l'interdiction temporaire ; la radiation du » tableau. L'interdiction temporaire ne peut excéder une » année. »

Enjoint au commissaire du gouvernement de faire donner immédiatement en sa présence, lecture du présent jugement au condamné, devant la garde rassemblée sous les armes, et de l'avertir que la loi lui accorde un délai de vingt-quatre heures pour se pourvoir en révision.

MODÈLE N° 27.

RÉSERVES DU MINISTÈRE PUBLIC.

1° Plaise au Conseil :

Attendu qu'il résulte des dépositions des témoins entendus aux débats, et des pièces produites au procès, que l'accusé.......... se serait rendu coupable de...........

Attendu que ce fait n'est pas compris dans l'ordre de mise en jugement décerné le......... contre ledit........;

Vu l'article 142 du Code de justice militaire,

Ordonner, en cas de condamnation, qu'il sera sursis à l'exécution du jugement, et en cas d'acquittement qu'il sera maintenu en état d'arrestation jusqu'à ce qu'il ait été statué sur les faits nouvellement découverts ;

2° Plaise au Conseil :

Attendu qu'il résulte des dépositions des témoins entendus dans l'affaire............ ainsi que des pièces produites à ce procès, que le nommé............, témoin entendu à l'audience, se serait rendu coupable de...........

Vu l'article 142 du Code de justice militaire,

Nous donner acte de nos réserves à l'effet de poursuivre ultérieurement le nommé.......... sur les faits découverts à sa charge.

MODÈLE N° 28.

JUGEMENT

Avant faire droit de plus ample informé.

JUGEMENT.

AU NOM DU PEUPLE FRANÇAIS,

Cejourd'hui.........., le Conseil de guerre de la.......... région de corps d'armée, délibérant à huis-clos, le président a posé la question suivante :

Y a-t-il lieu d'ordonner un plus ample informé dans l'affaire X.........?

Les voix recueillies séparément, en commençant par le grade inférieur, le président ayant émis son opinion le dernier,

Le Conseil,

Attendu qu'en l'état, la procédure ne réunit pas les éléments nécessaires pour faire la preuve des faits reprochés à l'accusé ;

Considérant, en effet, qu'il est indispensable de faire vérifier l'état mental de l'accusé avant et depuis son incorporation ;

Déclare à l.............. qu'il y a lieu d'ordonner un plus ample informé ;

En conséquence, ledit Conseil, jugeant avant faire droit, ordonne qu'il sera plus amplement informé sur les faits énoncés ci-dessus ;

Enjoint au commissaire du gouvernement de faire ses diligences à cet effet pour, l'instruction complétée, les débats être recommencés en entier, conformément à l'article 129 du Code de justice militaire, ainsi conçu : *(Lire cet article.)*

Enjoint, en outre, au commissaire du gouvernement de faire donner en sa présence lecture du présent jugement à l'accusé, devant la garde rassemblée sous les armes.

MODÈLE N° 29.

PROCÈS-VERBAL

Constatant un fait nouveau relevé contre un individu étranger à l'accusation.

L'an mil huit quatre-vingt......, le.........., le Conseil de guerre de la........ région de corps d'armée, séant á......, réuni en audience publique, dans le lieu ordinaire de ses séances, à l'effet de juger le nommé........, prévenu de....

Nous........., colonel du.......... régiment de..........., président dudit Conseil,

Vu les réserves faites par le commissaire du gouvernement à l'effet de poursuivre ultérieurement le nommé......., témoin appelé aux débats, pour complicité du délit reproché au nommé.........

Ordonnons au greffier de porter au présent la déposition des témoins.

Le président,

(Transcrire alors les différentes dépositions des témoins, qui sont signées du président, du témoin, du greffier, puis pour clôturer on mettra la mention suivante) :

En conséquence, ordonnons, en vertu de l'article 142 du Code de justice militaire, que le présent sera, ensemble les accusés et les pièces de la procédure, renvoyé devant M. le général commandant la circonscription, pour être par lui statué ainsi qu'il appartiendra.

Le greffier, *Le président,*

MODÈLE N° 30.

JUGEMENT D'INCOMPÉTENCE.

JUGEMENT

Au nom du Peuple Français,

Cejourd'hui.........., le Conseil de guerre de la.......... région de corps d'armée, délibérant à huis-clos ;

Statuant sur les conclusions du défenseur ;

Ouï le commissaire du gouvernement ;

Le président a posé la question suivante :

Y a-t-lieu de se déclarer incompétent pour juger le nommé X.....?

Les voix recueillies séparément en commençant par le grade inférieur, le président ayant émis son opinion le dernier,

Le Conseil,

Attendu que le nommé X......, est accusé d'avoir le...... à......., de complicité avec le nommé Z......., commis une soustraction frauduleuse au préjudice d'un habitant ;

Considérant que Z......, n'est ni militaire, ni assimilé aux militaires;

Que, par conséquent, il n'est pas justiciable des Conseils de guerre;

Vu l'article 76 du Code de justice militaire,

Déclare à l..........., qu'il y a lieu de se déclarer incompétent.

En conséquence, le Conseil ordonne que ledit X......., sera, ensemble les pièces de la procédure, renvoyé devant M. le procureur de la République de........, pour être, par lui, statué ainsi qu'il appartiendra.

MODÈLE N° 31.

DISPOSITIF

D'un crime ou d'un délit et d'une contravention.

En conséquence, le Conseil condamne le nommé......... 1° à l........ à la peine de...... ans d'emprisonnement, par application des articles........ ;

2° A l......... à la peine de...... fr. d'amende, par application de l'article 1er de la loi du 23 janvier 1873; mais le Conseil, usant de la faculté qui lui est concédée par l'article 195 du Code de justice militaire, ordonne à l......... que la peine de....... fr. d'amende sera remplacée par un emprisonnement de......., qui sera subi cumulativement avec la peine de...... ans de prison prononcée ci-dessus.

Le condamne, en outre, aux frais envers l'Etat......., etc.

MODÈLE N° 32.

DISPOSITIF

De jugement pour les récidivistes.

1° Déserteurs.

Attendu que le nommé X........, à été condamné le...... à la peine de........ par le Conseil de guerre de la......... région de corps d'armée, pour désertion à l'intérieur en temps de paix, jugement devenu définitif et exécutoire, ainsi que l'établit l'extrait annexé au dossier de la procédure;

Attendu que, dès lors, il est constant que l'inculpé a déserté antérieurement, le condamne à l......... à la peine de.........

2° Autres délits.

Attendu que le nommé X........, a été condamné le....... à la peine de........, par le Conseil de guerre de la........ région de corps d'armée, pour........; jugement définitif et exécutoire, ainsi qu'il résulte de l'extrait joint au dossier;

Lui faisant application de l'article 58 du Code pénal, le condamne à l........., à la peine de.........

MODÈLE N° 33.

JUGEMENT D'ABSOLUTION.

JUGEMENT.

AU NOM DU PEUPLE FRANÇAIS,

Cejourd'hui.........., le Conseil de guerre permanent de la......... région de corps d'armée, délibérant à huis-clos, le président a posé la question suivante :

Le nommé X........ est-il coupable d'avoir, le........ à......., commis tel fait ?

Les voix recueillies séparément, en commençant par le grade inférieur, le président ayant émis son opinion le dernier, le Conseil déclare :

A l........ oui, l'accusé est coupable ;

Sur quoi et attendu les conclusions prises par le commissaire du gouvernement dans ses réquisitions, le président a lu le texte de la loi ;

En conséquence : Attendu que le fait commis par l'accusé ne donne lieu à l'application d'aucune peine, le Conseil absout le nommé......... de l'accusation dirigée contre lui, et le président ordonne qu'il sera mis en liberté à l'expiration du délai fixé pour le recours en révision, par application du 4e paragraphe de l'article 136 du Code de justice militaire, ainsi conçu : *(Lire cet article.)*

Enjoint au commissaire du gouvernement de faire donner immédiatement, en sa présence, lecture du présent jugement à l'absous, devant la garde rassemblée sous les armes, et au surplus de faire exécuter le jugement dans tout son contenu.

MODÈLE N° 34. (FORMULE N° 24.)

e RÉGION de corps d'armée

—

(Art. 175 du Code de justice militaire).

—

ORDONNANCE enjoignant à un contumax de se présenter.

Le Président du......... Conseil de guerre de la.......... région de corps d'armée, séant à.........., a rendu l'ordonnance suivante :

Nous, président du......... Conseil de guerre de la....... région de corps d'armée,

Vu l'ordre de mise en jugement donné le............., par le général commandant le.......... corps d'armée, contre le nommé X..........,..
....
absent et contumax, accusé de........,...........................
....
crime prévu et puni par...
....

Ordonnons, en exécution de l'article 175 du Code de justice militaire, au nommé...
de se présenter dans un délai de dix jours devant le........ Conseil de guerre de......, séant à......., pour y être jugé sur ladite accusation ; et, à cet effet, de se constituer en état d'arrestation dans la prison militaire de.................

Disons que notre présente ordonnance sera mise à l'ordre de la place de.........

Fait à..............., le............ 188 .

MODÈLE N° 35.

e corps d'armée. — ...tat-Major. — ...e Bureau. — ...stice militaire. — AVIS de ...omination d'un... conseil de guerre. —

Le général....... commandant le........ corps d'armée a l'honneur d'informer M........, que, par ordre........, en date du.........., il a été nommé aux fonctions de........, près le Conseil de guerre séant à........., en remplacement de M..........

M........ devra se mettre immédiatement à la disposition du président dudit Conseil et donner son adresse au greffe du Conseil, rue....., n°........

A........, le.......

P. O. *Le chef d'état-major,*

Nota. — Le récépissé ci-dessous, après avoir été daté et signé, sera renvoyé directement et sans aucun délai à M. le général commandant le...... corps d'armée.

RÉCÉPISSÉ.

e corps d'armée. — ...tat-Major. — ...e Bureau. — ...stice militaire. —

Le soussigné..........., reconnait avoir reçu le.......... à...... heure, de M. le général commandant le..... corps d'armée, l'avis à lui adressé le........, de l'ordre........ qui le nomme.......... au Conseil de guerre séant à........

A............ le..................

MODÈLE N° 35 (*Bis.*)

e corps d'armée. — ...tat-Major. — ...e Bureau. — ...stice militaire. — AVIS de ...mplacement d'un..... conseil de guerre. —

Le général......... commandant le......... corps d'armée a l'honneur d'informer M......., que, par ordre........ en date du......., il a été remplacé dans ses fonctions de...... près le Conseil de guerre séant à........, par M..........

A.............., le...........

P. O. *Le chef d'état-major,*

Nota. — Le récépissé ci-dessous, après avoir été daté et signé, sera renvoyé sans aucun délai et directement à M. le général commandant le....... corps d'armée, à.......

RÉCÉPISSÉ.

e corps d'armée. — ...tat-Major. — ...e Bureau. — ...stice militaire. —

Le soussigné.........., reconnait avoir reçu le......., à... heure.... de M. le général commandant le... corps d'armée, l'avis à lui adressé le......., de l'ordre....... qui le remplace....... au Conseil de guerre, séant à........

A........, le..............

MODÈLE N° 36.

JUGEMENT

De reconnaissance d'identité.

Cejourd'hui.........., le Conseil de guerre de la.......... région de corps d'armée, délibérant à huis-clos, le président a posé la question suivante :

Y a-t-il identité entre l'accusé soumis aux débats et qui déclare se nommer........... et l'individu condamné par contumace le......, sous le nom de....., à la peine de....., pour..........?

Les voix recueillies séparément, en commençant par le grade inférieur, le président ayant émis son opinion le dernier :

Le Conseil,

Attendu qu'il résulte des dépositions des témoins et des pièces produites au procès que le véritable nom du nommé .... est bien.......... ;

Déclare à l......., qu'il y a identité ;

En conséquence, le Conseil déclare que les véritables noms de l'accusé soumis aux débats sont........., et que le jugement contradictoire à intervenir par suite du jugement par contumace prononcé le....... devra lui être appliqué :

Enjoint au commissaire du gouvernement de faire donner immédiatement, en sa présence, lecture du présent jugement au nommé........, devant la garde rassemblée sous les armes, et de l'avertir que la loi lui accorde un délai de 24 heures pour se pourvoir en révision.

MODÈLE N° 37.

JUGEMENT

De recevabilité d'opposition.

JUGEMENT.

AU NOM DU PEUPLE FRANÇAIS.

Cejourd'hui.........., le Conseil de guerre permanent de la.... région de corps d'armée, délibérant à huis-clos, le président a posé la question suivante :

Y a-t-il lieu d'admettre l'opposition formée par le nommé......... au jugement rendu par défaut le......?

Les voix recueillies séparément, en commençant par le grade inférieur, le président ayant émis son opinion le dernier :

Le Conseil,

Vu l'opposition formée le......., par le nommé........, contre le jugement rendu par défaut le......, par le Conseil de guerre de la........ région de corps d'armée, qui le condamne à la peine de......... pour..........

Attendu que ledit jugement a été affiché à la porte du Conseil de guerre le......, mis à l'ordre du jour de la place le.......... et signifié au condamné le.......

Attendu, en outre, que d'un certificat délivré par le greffier du Conseil, il appert que ledit jugement a été frappé d'opposition dans les délais prescrits par la loi,

Déclare à l......... le nommé X....... recevable en son opposition.

En conséquence, le Conseil ordonne qu'il sera procédé à de nouveaux débats, conformément à l'article 187 du Code d'instruction criminelle, ainsi conçu : *(Lire cet article.)*

Enjoint au commissaire du gouvernement de faire donner .... etc.....

Si le Conseil voulait procéder de suite aux nouveaux débats, le dispositif serait changé ainsi :

En conséquence, le Conseil ordonne qu'il sera de suite procédé à de nouveaux débats, en exécution de l'ordre de convocation de M. le général commandant le..... corps d'armée et conformément à l'article 187 du Code d'instruction criminelle, ainsi conçu : *(Lire cet article.)*

Le Conseil déclare passer outre au jugement sur le fond.

MODÈLE N° 38.

JUGEMENT

De débouté d'opposition.

JUGEMENT.

AU NOM DU PEUPLE FRANÇAIS,

Cejourd'hui.........., le Conseil de guerre de la.......... région de corps d'armée, délibérant à huis-clos, le président a posé la question suivante :

Y a-t-il lieu d'admettre l'opposition formée par le nommé. ...... au jugement rendu par défaut le........?

Les voix recueillies séparément en commençant par le grade inférieur, le président ayant émis son opinion le dernier :

Le Conseil,

Vu l'opposition formée le........., par le nommé........., contre le jugement rendu par défaut le......, par le Conseil de guerre de la........, région de corps d'amée, qui le condamne à la peine de........., pour..........;

Attendu que ledit jugement a été affiché à la porte du Conseil de guerre le........, mis à l'ordre du jour de la place le......., et signifié au condamné le........;

Attendu que ledit jugement a été réputé contradictoire le......... et qu'il n'a pas été frappé d'opposition dans les délais prescrits par la loi :

Déclare à l........... qu'il n'y a pas lieu d'admettre l'opposition formée par le nommé..........

En conséquence, le Conseil ordonne que le jugement rendu par défaut le........ recevra sa pleine et entière exécution, par application de l'article 179 du Code de justice militaire, ainsi conçu : *(Lire cet article).*

Enjoint au commissaire du gouvernement de faire donner immédiatement lecture......etc...

MODÈLE N° 39.

PROCÈS-VERBAL

De lecture d'une commutation de peine.

L'an mil huit cent quatre-vingt..........., le..............

Le Conseil de guerre de la...... région de corps d'armée, séant à........., étant réuni en audience publique dans le lieu ordinaire de ses séances, M. le président a fait amener le nommé.........., soldat au..... régiment de......, et, en présence de la garde rassemblée sous les armes, il lui a fait donner lecture de la décision de M. le président de la République en date du........., qui commue la peine de MORT, prononcée contre lui le........, pour......, en celle de......

En foi de quoi il a été donné acte à M. le commissaire du gouvernement de l'accomplissement de cette formalité, conformément à l'article 3 du décret du 14 juin 1813 et en exécution des ordres de M. le général commandant le...... corps d'armée ;

Fait, clos et signé par le président et le greffier, les jour, mois et an que dessus.

Le président. *Le greffier.*

MODÈLE N° 40.

DÉSIGNATION

D'un juge pour assister à une exécution.

ORDRE

Nous...... (nom, grade et corps), président du........ Conseil de guerre de la....... région de corps d'armée ;

Vu l'instruction ministérielle en date du 28 juillet 1857 et le décret du 25 octobre 1874,

Désignons M...... (nom, grade et corps), juge ayant siégé le jour du prononcé du jugement, pour assister à l'exécution du nommé.........., qui doit avoir lieu le......... à........ heures du matin, à............ lieu ordinaire des exécutions.

Fait à......... le.....

Le président du Conseil de guerre.

TABLE ALPHABÉTIQUE

DES MATIÈRES.

(Les chiffres qui accompagnent le texte indiquent les paragraphes.)

A.

	Pages.
Absence du défenseur, 68	42
Absous, 91	60
Accusé causant du trouble, 25	20
— constatation de l'identité, 23	20
— ne parlant pas français, 27	21
— sourd-muet, 28	21
— refusant de comparaître, 20	18
— refusant de répondre, 21	20
— outrageant le Conseil, 26	21
— se portant à des voies de fait, 26	21
Acquittés, 90	59
Appel des témoins, 30	22
Application de la peine, 72	45
Assistant causant du trouble, 16	17
— outrageant le Conseil, 17	18
— coupable de voies de fait, 17	18
— coupable d'un autre délit, 18	18

C.

Censure du ministère public, 61	39
Circonstances atténuantes, 71	45
Clôture des débats, 69	42
Composition du Conseil de guerre, 1	7
Condamnés médaillés ou décorés, 93	61
Condition à remplir pour faire partie d'un Conseil de guerre, 4	11
Confiscation des pièces de conviction, 86	57
Constatation de l'identité de l'accusé, 23	20
— de l'identité des témoins, 47	33
Contrainte par corps, 85	57
Contumax, procédure à suivre, 94	61
— rentré, 96	64
Conviction de plusieurs crimes ou délits, 80	53
Convocation des juges, 10	14
Cumul des peines, 81, 82	53,54

D.

Pages.

Défaillant, 95 63
Défense de l'accusé, 63 40
Défenseur outrageant le Conseil, 65 41
— attaquant les lois et les autorités, 66 41
Délibération, 70 43
Droit de la défense, 64 40

E.

Entérinement des lettres de grâce ou de commutation de peine 22 19
Exceptions, 40 28
Excuses en général, 75 50
— absolutoires, 76 50
— atténuantes, 77 50
Erreur dans le jugement, 89 59

F.

Faits justificatifs, 78 51
— nouveaux, 79, 80 51,52
Faux témoins, 51 35
Fonctions du président, 7 12
Formation de la séance, 6 12
Forme de la déposition, 48 34

H.

Huis-clos, 33 24

I.

Incidents contentieux, 40 23
Interdiction du compte-rendu des débats, 34 25
Interprète pour l'accusé, 27 21
— pour les témoins, 46 33
Interpellation aux témoins, 53 36
— aux accusés, 54 37
— des témoins entre eux, 55 37
Interrogatoire, 37 26
Introduction, 19 18

J.

Juges supplémentaires, 5 12

L.

Pages.

Lecture de l'ordre de mise en jugement, 29.......... 22
— du rapport du rapporteur, 35.............. 25
— d'autres pièces, 36..................... 25
— du jugement, 87......................... 57
— des articles de lois, 88................... 59
Lettres de grâce et de commutation de peine, 22...... 19

M.

Ministère public, censure, 61.................. 39
— le président peut lui retirer la parole, 62................ 39
Moyen d'incompétence, 40........................ 28

N.

Nomination des président et juges, 2.............. 9
— d'un défenseur, 9..................... 13
Notification aux accusés, 8 13
Nouveau juge, 21.............................. 19

O.

Opposition à un jugement par défaut, 97.......... 65
Ordonnance de jonction, 38 27
— de disjonction, 38..................... 27
Outrages par un accusé, 26........................ 21
— par un assistant, 17.................... 18
Ouverture de la séance, 12...................... 16

P.

Partage des voix, 73............................ 45
Pièces de conviction, 39, 52....................... 27,36
— confiscation, 86........................... 57
Place des juges, 11.............................. 15
— des témoins après leur audition, 59. 38
Police de l'audience, 15........................... 17
Pouvoir discrétionnaire du président, 14............ 16
Publicité des séances, 13.......................... 16

Q.

Questions subsidiaires, 71......................... 46

R.

Pages.

Récidive, 83 55
Remplacement des président et juges, 3 10
Réplique, 67 42
Réquisitoire du ministère public, 60 39
Retraite des témoins, 32 23
Réunion du Conseil, 11 15

S.

Serment des témoins, 42 30
— des interprètes, 27 21
Surveillance de la haute police, 81 56
Suspension des débats, 92 60

T.

Témoin défaillant, 31 22
— refusant de prêter serment, 43 31
— refusant de déposer, 45 32
— ne devant pas prêter serment, 44 31
— ne pouvant déposer, 45 32
— dispensés de témoigner, 50 34
— ne parlant pas français, 46 33
— entendus en vertu du pouvoir discrétionnaire du président, 57 38
— à décharge, 56 37
Tenue des juges et de l'accusé, 11 (bis) 15
Trouble ou tumulte par un accusé, 25 20
— par un assistant, 16 17

V.

Voies de fait par un accusé, 26 27
— par un assistant, 17 18

MODÈLES.

Avis de nomination d'un président ou juge, N° 35 101
— de remplacement d'un président ou juge, N° 35 (bis). 101
Dispositif d'un jugement d'un crime ou délit et d'une contravention, N° 31 98
— pour les récidivistes, N° 32 99

Pages.

Jugement contre un assistant coupable de trouble, N° 4. 73
— contre un assistant militaire coupable de voies de fait ou d'outrages envers le Conseil, N° 5. 74
— contre un assistant non militaire coupable de voies de fait ou d'outrages envers le Conseil, N° 6. 75
— contre un assistant justiciable des Conseils de guerre coupable d'un autre crime ou délit, N° 7. 75
— contre un accusé causant du trouble N° 10. 78
— contre un accusé militaire coupable de voies de fait, N° 11. 79
— contre un accusé militaire coupable d'outrages, N° 11 (bis). 80
— contre un accusé non militaire coupable de voies de fait, N° 12. 81
— contre un accusé non militaire coupable d'outrages, N° 12 (bis). 81
— contre un témoin défaillant sans amende, N° 13. 82
— contre un témoin défaillant avec amende, N° 14. 83
— ordonnant le huis-clos, N° 15. 84
— interdisant le compte-rendu, N° 16. 85
— de compétence, N° 19 et 19 (bis). 86,87
— d'incompétence, N° 30. 97
— renvoyant l'accusé pour prescription, N° 20 et 20 (bis). 88
— contre un témoin refusant de prêter serment, N° 21. 89
— contre un témoin refusant de déposer, N° 22. 90
— contre un avocat coupable d'attaques contre les lois, N° 26. 94
— d'absolution, N° 33. 99
— de reconnaissance d'identité, N° 36. 102
— de recevabilité d'opposition, N° 37. 103
— de débouté d'opposition, N° 38. 104
— avant droit de faire plus ample informé, N° 28. 95

Mandat de dépôt, N° 25. 93

Ordre de convocation du président, N° 1. 69
— de convocation du commissaire du gouvernement, N° 1 (bis). 69
— de convocation des juges, N° 2. 70
— du président pour désigner un juge à une exécution, N° 40. 105

Pages.

Ordonnance du président pour l'arrestation d'un assistant, N° 3. 71
— de jonction, N° 17. 85
— de disjonction, N° 18. 86
— enjoignant à un contumax de se présenter, N° 34. 100

Procès-verbal constatant un crime ou un délit commis par un assistant non militaire, N° 8. 76
— constatant une fausse déposition, N° 23. 91
— constatant un fait nouveau, N° 29. 96
— de lecture d'une commutation de peine, N° 39. 105
— d'arrestation d'un faux témoin, N° 24. 92

Réserves du ministère public, N° 27. 95

Sommation à un accusé qui refuse de comparaître, N° 9. 77

Châlons, imp. T. Martin.

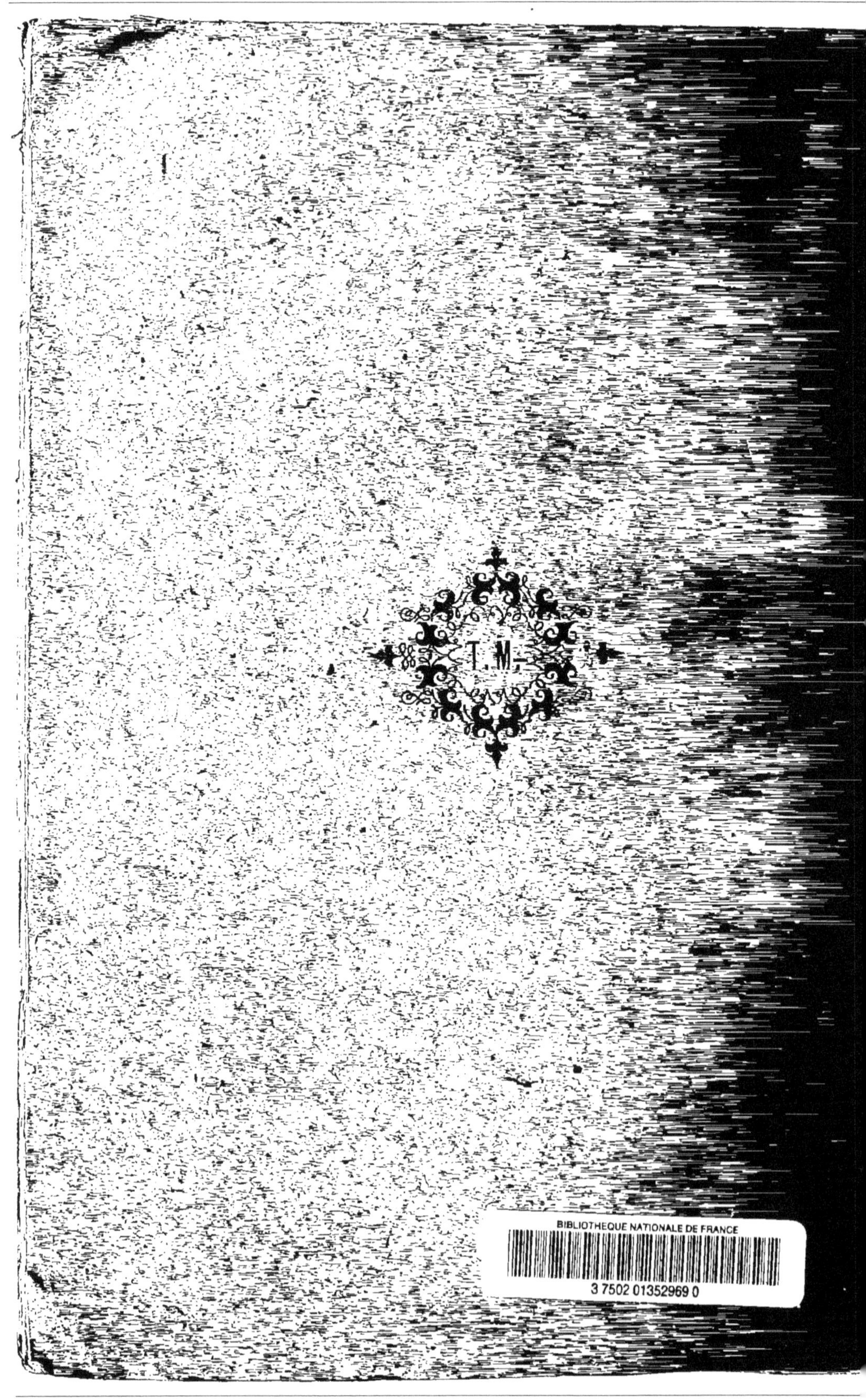
T.M.

www.ingramcontent.com/pod-product-compliance
Ingram Content Group UK Ltd.
Pitfield, Milton Keynes, MK11 3LW, UK
UKHW012237240726
13966UKWH00003B/1140